आदमी

(नाटक)

आदमी

(जगत् विख्यात जर्मन नाट्यकार 'अर्नेस्ट टॉलर'
के एक नाटक का हिन्दी अनुवाद)

अनुवादक

फ़िराक़ गोरखपुरी

वाणी प्रकाशन

वाणी प्रकाशन

4695, 21-ए, दरियागंज, नयी दिल्ली 110 002

शाखा

अशोक राजपथ, पटना 800 004

फ़ोन: +91 11 23273167 फ़ैक्स: +91 11 23275710

www.vaniprakashan.in
vaniprakashan@gmail.com

AADAMI
Original 'Ernest Tollor'
Translated by Firaq Gorakhpuri

ISBN : 81-7055-552-3
Play

प्रथम संस्करण 1997
द्वितीय संस्करण 2012
मूल्य : ₹ 200

मुद्रक : न्यू कृष्णा ऑफसैट

वाणी प्रकाशन का लोगो मक़बूल फ़िदा हुसेन की कूची से

मज़दूरों के नाम

दो शब्द

शायद ही साहित्य की ऐसी कोई विधा हो जो फ़िराक़ से अछूती रह गई हो। काव्य-साहित्य में (उर्दू में) ग़ज़लें, रुबाइयाँ, दोहे तज़मीनें, आज़ाद नज़्म, ब्लैंक वर्स, छन्दबद्ध कविताएँ और गद्य साहित्य में (हिन्दी, उर्दू और अंग्रेजी भाषाओं में) विविध विषयों जैसे साहित्य, राजनीति, समाजशास्त्र, दर्शन, कविता आदि पर गम्भीर विचारोत्परक लेख, कहानी, अनुवाद, सारसेनियो का इतिहास (हिन्दी), पहला शराबी (हिन्दी), टैगोर की गीतांजलि और उनकी एक सौ एक नज़्में (उर्दू), हैमलेट (उर्दू), समालोचना (अंग्रेज़ी, हिन्दी, उर्दू) आदि कृतियाँ प्रकाशित हो चुकी हैं।

अंग्रेज़ी में फ़िराक़ के साठ-सत्तर के करीब बहुत महत्त्वपूर्ण लेख हैं जो भारत की अनेक पत्र-पत्रिकाओं में प्रकाशित तो हो चुके हैं मगर अभी तक पुस्तक की शक्ल में नहीं आ पाए हैं। इन्हें भी प्रकाशित कराना है।

अंग्रेजी में फ़िराक़ के निबन्ध, ए गोल्डेन ट्रेज़री ऑफ़ एसेज़, ए गार्डन ऑफ़ एसेज, और रीडिंग्स एण्ड रिफ़्लेक्शंस आदि छप चुके हैं जो बहुत ही लोकप्रिय सिद्ध हुए। ए गोल्डेन ट्रेज़री ऑफ एसेज़ अब अप्राप्य है।

'आदमी' जगत् विख्यात जर्मन नाट्यकार अर्नेस्ट टॉलर का हिन्दी

अनुवाद फ़िराक़ द्वारा किया गया है। अंग्रेज़ी में इसका अनुवाद मासेस एण्ड मेन (Masses and men) के नाम से हो चुका है।

इस नाटक में सामाजिक क्रान्ति की झलक बहुत ही प्रभावशाली और मार्मिक है। पाठक इसे पढ़ने के बाद स्वयं इसी नतीजे पर पहुँचेंगे।

अनुवाद बहुत ही सफल और सजीव है।

रमेशचन्द्र द्विवेदी

35/13 बटलर मार्केट
जवाहरलाल नेहरू रोड,
इलाहाबाद-211002

भूमिका

हिन्दी अनुवाद है उस प्रलयात्मक जर्मन नाटक का जिसके कथानक में, पात्रों में, संवादों में, दृश्यों में जीवन के कम्पनों की गड़गड़ाहट सुनाई देती है। बन्दीघर में तेज़ चढ़ते हुए बुखार की अवस्था में लेखक ने यह नाटक लिखना आरम्भ किया और उस समय समाप्त किया जब क़लम उसकी जलती हुई शक्तिहीन उँगलियों से छूट कर गिर पड़ी।

यह नाटक साधारण से साधारण पाठक के मन व मस्तिष्क को उच्च से उच्च और गम्भीर से गम्भीर बना देता है। साधारण व्यक्ति को उच्चतम साहित्य से आनन्दित और प्रभावित अवसर प्रदान करता है। इस नाटक में शक्ति और गुण हैं।.......

'फ़िराक़' गोरखपुरी

लेखक का पत्र प्रोड्यूसर के नाम, अक्तूबर 1921 ई.

कुछ आलोचकों ने इस बात पर खेद व्यक्त किया है कि जिस प्रकार आपने इस नाटक को प्रस्तुत किया उससे वास्तविकता तथा कल्पना में जो विरोधी तत्त्व थे उनकी पहचान कमजोर पड़ गई क्योंकि इस प्रकार 'वास्तविकता' की तस्वीर भी उसी काल्पनिक पर्यावरण में ढक गई जिस पर्यावरण से स्वाभाविक रूप से स्वप्न स्वरूप चित्र घिरे हुए थे। मैं आपको स्वयं बता देना चाहता हूँ कि आपने मेरे उद्देश्यानुसार इस नाटक को प्रस्तुत किया। 'वास्तविकता' की यह तस्वीरें घटना चित्रण नहीं ! स्थानीय रंग को प्रदर्शित नहीं करतीं। नाटक के पात्र (सोनिया को छोड़कर) व्यक्तिगत पात्र नहीं। ऐसा नाटक केवल एक आध्यात्मिक वास्तविकता हो सकता है। भौतिक रूप से अनुभव की गई वास्तविकता कभी नहीं हो सकती। अपने राजनैतिक दृष्टिकोण से मैं यह मान कर आगे बढ़ा हूँ कि समाजी इकाइयाँ, समुदाय तथा विभिन्न सामाजिक शक्तियों के प्रतिनिधि—विभिन्न आर्थिक व्यवसाय वास्तविक अस्तित्व रखते हैं और मनुष्यों के कई पारस्परिक सम्बन्ध बाह्य वास्तविकता रखते हैं। एक कलाकार होने के नाते मुझे भली प्रकार मालूम है कि इन 'वास्तविकताओं' की यथार्थता बहुत अधिक संदेहपूर्ण है।

(अभी यह प्रश्न निर्णय होना है कि क्या हम सामुदायिक रूप से कोई अस्तित्व रखते हैं)

जेल के प्रांगण में मैं बन्दियों को लकड़ी पर लगातार रूप से एक ही विधि से आरे चलाते हुए देखता हूँ। मनुष्यता के नाते मैं सोचता हूँ कि मनुष्य है। इनमें से सम्भवतः यह श्रमिक है, दूसरा एक कृषक, तीसरा एक लिपिक····मैं उस कब्र को देखता हूँ जिसमें श्रमिक रहता था। उसके छोटे-छोटे व्यक्तिगत गुण, उसका वह विशेष ढंग जिससे दियासलाई जलाकर वह सलाई को फेंक देता है या जिस ढंग से वह एक स्त्री का चुम्बन करता है या जिस ढंग से वह सन्ध्या को कारखाने के फाटक से बाहर आता है—उसी प्रकार मैं स्पष्ट देखता हूँ चौड़ी पीठ के कृषक को और संकुचित सीनेवाले नाटे लिपिक को—तब अचानक—वह मनुष्य नहीं रह जाता।

'अ' और 'ब' और 'स', अपितु भयानक कठपुतलियाँ बन जाते हैं। जिन्हें धुँधला अनुभव है उस दबाव और भाग्य का जो उन पर छाया हुआ है।

एक बार मेरे एकान्त कारागार के कक्ष के सम्मुख से दो स्त्रियाँ निकलीं। मैं खिड़की की लोहे की छड़ों को पकड़े बाहर की ओर देख रहा था। देखने में दो बूढ़ी स्त्रियाँ। दोनों के केश छोटे कटे हुए थे और श्वेत थे और वेशभूषा काटछाँट में, रंग में और देखने में एक समान थी। दोनों चित्तीदार भूरे रंग के छाते लिए हुए थीं और दोनों अपने सिरों को हिला रही थीं।

एक क्षण के लिए भी मैंने उन्हें 'बाह्य वास्तविकतावाले' अस्तित्व न समझा जो 'बाह्य वास्तविकता' रखनेवाले 'स्यूबर्ग' नगर के संकुचित जेलखाने की गली से जा रही थी ! यह दृश्य मृत्यु नाट्य था। एक बूढ़ी स्त्री और दर्पण में उसकी मृत्यु की छाया मुझे दीख पड़ी।

यह नाटक सामूहिक रूप से उस दैवी प्रकाश की कथा है। यह नाटक मेरे अन्दर से सचमुच फटकर निकल पड़ा और ढाई दिन के

अन्दर मैंने इसे लिख डाला। वह दो रातें, जो बन्दी हो जाने के कारण मुझे बिस्तर पर बितानी पड़ीं एक अन्धकारमय हाल कोठरी में, एक अथाह आत्मा की तड़प की घाटियाँ थीं। काल्पनिक चेहरे, भूत प्रेतों के समान रूप, विचित्र और बेढंगे रूप से एक-दूसरे पर कौतूहल करते हुए वदनों के दृश्य मेरे मस्तिष्क को अत्यधिक दुःख पहुँचा रहे थे। उन रातों की प्रातःकालों को ज्वर से काँपता हुआ मैं लिखने बैठ जाता था और उस समय तक लेखनी हाथ से नहीं छोड़ता था जब तक मेरी उँगलियाँ पसीने से गीली होकर और थकन से कम्पित होकर काम करने से इनकार न कर देती थीं। मेरे एकान्त कारागार के कक्ष में किसी को आने की अनुमति न थी, उसे साफ करने के लिए भी अगर कोई साथी मुझसे कुछ पूछता या मेरी कुछ सहायता करना चाहता तो मैं असह्य क्रोध से उसकी ओर देखता। इस नाटक को काटने-छाँटने और साँचे में ढालने का कठिन और आन्तरिक आनन्दपूर्ण कार्य एक वर्ष में समाप्त हुआ। आज मैं इस नाटक को आलोचनात्मक दृष्टि से देख सकता हूँ। मैं समझता हूँ कि इसके साहित्यिक स्वरूप पर उस समय की आन्तरिक बेचैनियों और दबावों का प्रभाव है। ऐसा दुर्बल भाव-प्रदर्शन मेरे व्यक्तिगत एकाकीपन को समाप्त कर देता था और मेरे अनुभवों को सौन्दर्यात्मक उद्देश्यों के अनुसार साँचे में ढालना कठिन बना दिया था, ऐसे समय में जब कला की ठोस सृष्टि का आदर्श मेरे लिए असम्भव था।

क्रान्ति के दिनों की शुरुआत अभी एक पूर्ण काल्पनिक चित्र न बन पाई थी। अभी तक वह मेरे अन्तर में एक दुःख देनेवाली आन्तरिक फैलाव के रूप में कार्य कर रही थी।

आलोचकों की बुद्धि और समझ के खो जाने पर मुझे आश्चर्य है। सम्भवतः यह नाटक पर्याप्त रूप से व्यक्त किया जा सकता है। किन्तु जो भी हो मेरे लिए जो श्रमिकों के निकट कहते हैं और उनकी आत्मा की कीमतों को प्रकट करते हैं, यह विचार प्रभावशील, टूक-टूक

कर देनेवाले, अत्यधिक लीनता से ओतप्रोत कर देनेवाले एक मानवता के अनुभव हैं। 'बूर्जवा' आलोचकों के लिए यह विचार केवल नारे हैं, रटे हुए शब्द हैं और समाचार पत्रों के वाक्य हैं। बूर्जवाजी समाज और वह कला जो उस समाज को दर्पित करती है, ऐसे शीर्षक में जो श्रमिक वर्ग के लिए अत्यधिक दुखद और चूर कर देनेवाले टकरावों का पथप्रदर्शन करता है। केवल एक कल्पनाओं के विषय में व्यर्थ वाद-विवाद और तू-तू-मैं-मैं देखता है। उसके विपक्ष श्रमिक वर्ग बिल्कुल प्रभावित नहीं हो पाता, मध्यम वर्ग उन गम्भीर तथा अर्थपूर्ण आन्तरिक अनुभवों के प्रकट होने से।

मुझे यह बताने की आवश्यकता नहीं कि परोबलतारी कला को वास्तविक रूप से विश्वव्यापक मानवीय मनोरंजनों पर निर्भर होना है और यह कला अपनी पूर्ण गम्भीरता में जीवन और मृत्यु के समान सम्पूर्ण मानवीय शीर्ष को आवश्यक रूप से अपना लेती है। यह कला उसी दशा में जीवित रह सकती है जब कला का निर्माता श्रमिकवर्ग की आत्मा की विशेषताओं में नैतिक मानवता के गुण के मुख से चादर सरकाए।

फैसुटिंग ऐंड्रस शुयंसेन्फेल्ड
अक्टूबर 1921 ई.

अर्नेस्ट टॉलर

आदमी

(बीसवीं शताब्दी की सामाजिक क्रान्ति की एक झलक)

The Drama has been translated into English from German under the title Masses and Men by Ernest Tollor

विश्वव्यापी क्रान्ति :
माँ
नई शक्ति और नए जीवन के उतार-चढ़ाव की
माँ
नई जनता और जीवन के नए साँचों की
अपने पापों के प्रायश्चित्त के खून के लाल अंगारों से
यह शताब्दी जगमगा रही है।
धरती स्वयं को वेदी पर चढ़ा रही है—

यह नाटक प्रथम बार अक्टूबर 1919 ई. में लेखनी को अर्पित किया गया। जर्मनी क्रान्ति के प्रथम वर्ष में, ऐन्डर शुयंसेन्फेल्ड के उस दुर्ग में जिसे जेलखाना बना दिया गया।

पात्र

मज़दूर पुरुष और स्त्रियाँ
स्त्री (सोनिया)
स्त्री का पति (एक सरकारी कर्मचारी)
एक बेनाम आदमी
एक सरकारी अधिकारी
एक पादरी
दो बन्दी बालिकाएँ
सोनिया के काल्पनिक संसार में :
सोनिया
गाइड
सरकारी कर्मचारी
कई महाजन
जनता के संतरी
बेनाम आदमी
परछाइयाँ

दूसरा, चौथा तथा छठवाँ दृश्य काल्पनिक जगत् को चित्रित करता है। पहला, तीसरा, पाँचवाँ और सातवाँ दृश्य वास्तविक जगत् के विचारपूर्ण प्रारूप हैं।

पहला दृश्य

[मज़दूरों की एक सराय का पीछेवाला कमरा दिखाई देता है। कमरे के बीच में एक भद्दी मेज़ रखी है। एक स्त्री और कुछ मज़दूर मेज़ के चारों ओर बैठे हैं]

पहला मज़दूर : पोस्टर बाँट दिए गए : हमें बड़े हाल में एकत्र होना है। कल प्रातः ही से कारखाने बन्द हो जाएँगे। लोगों में बड़ी हलचल है। कल का दिन निर्णय कर देगा। (औरत से) 'काम्रेड' तुम तैयार हो ?

स्त्री : मैं तैयार हूँ। हर साँस के साथ मुझमें शक्ति बढ़ रही है। मैं किस विकल चाव से इस क्षण की प्रतीक्षा कर रही थी जब हृदय का रक्त स्वर बन जाता है और स्वर कर्म !

कई बार मेरे दिल को ऐसी चोट लगी है कि क्रोध लज्जा और दुःख से मेरी मुट्ठियाँ भिंच गई हैं। जब घटिया सड़े समाचार-पत्र बढ़-बढ़कर विजय का शोर मचाते हैं, उस समय लाखों हाथ मुझे पकड़ लेते हैं और लाखों आवाज़ों की चीखें सुनाई देती हैं : तुम, तुम्ही हमारी मृत्यु के अपराधी हो ! हाँ हर वह घोड़ा जिसके काँपते हुए पुट्ठों पर पसीने छिटक आए हैं।

उसकी मूकता मुझे दोषी ठहराती है। अपराध लगाती है। अगर कल मैं प्रलय का शंख फूँक दूँ, अगर मेरी आत्मा हाल में उबल पड़े—तो—केवल मैं ही नहीं हड़ताल की घोषणा कर दूँगी; मानवता पुकार रही है, हड़ताल ! प्रकृति कह रही है—हड़ताल !

मैं सोचती हूँ कि जो कुत्ता मुझे देखकर द्वार पर आनन्द से कूदने लगता है, वह भी जब भौंकता है, तो उसके भौंकने से भी आवाज़ आती है—हड़ताल !

मैं सोचती हूँ, बहते हुए दरिया की लहरें पुकारती हैं। हड़ताल ! मेरी जानकारी कितनी अटल है। मरी हुई जनता विद्रोह की दशा में स्वतन्त्र होकर शब्दों के उन जालों से स्वतन्त्र होकर, जिन्हें उत्तम भोजन खाकर पले हुए धनवान लोग बुनती है। मानवता की सेना बन जाएगी और अपूर्व ढंग से शान्ति के दैवी दुर्ग का निर्माण करेगी···

कौन झण्डा उठाता है, लाल झण्डा हर प्रारम्भ की पताका ?

दूसरा मज़दूर : तुम—जनता तुम्हारे साथ होगी···

[स्तब्धता काँप उठती है]

स्त्री : अच्छा होता कि हमारे सब कार्यकर्ता भेद छुपाए रहते !

क्या तुम समझते हो पुलिस को कोई खबर नहीं ? लेकिन यदि सैनिकों ने हाल को घेर लिया···?

पहला मज़दूर : पुलिस को जो कुछ भी ज्ञात हो उसे हमारे अन्तिम लक्ष्य का ज्ञान नहीं। एक बार जब जनता हाल में भर जाएगी तो वह एक बड़ी बाढ़ बन जाएगी जिसे कोई पुलिस विच्छेदित करके उसे छोटे-छोटे फौव्वारों

में नहीं बदल सकती। यह भी जान लो कि पुलिस चौकन्नी होती जा रही है। अब बल के नशे में वह चूर नहीं है। पुलिस अब दुविधा में है। सैनिक हमारे साथ हैं। हर स्थान पर सेना के सैनिकों की सभा हो रही है। 'काम्रेड' कल का दिन निर्णय कर देगा।

[द्वार पर खटखटाहट होती है]

धोखा हो गया !

दूसरा मज़दूर : परन्तु वह किसी तरह भी तुम्हें न पकड़ने पाए !

पहला मज़दूर : केवल एक द्वार !

दूसरा मज़दूर : खिड़की से निकलो !

पहला मज़दूर : खिड़की एक हल्के खटके से खुलती है।

स्त्री : लड़ाई इतनी निकट—

[ज़ोर से खटखटाहट की ध्वनि। द्वार खुलता है। स्त्री का पति अन्दर प्रवेश करता है। उसके कोट का कालर मुख की ओर लौटा हुआ है। चारों ओर शीघ्रता से वह दृष्टि डालता है और अपना हैट उठा लेता है।]

यह तो—एक मित्र है !

भयभीत होने की कोई बात नहीं···मेरे निकट आओ। मुझे प्राप्त कर लिया न—

पति : नमस्कार (मन्द स्वर में) लोगों से न बताओ कि मैं कौन हूँ। किन्तु क्या मैं तुम से कुछ कह सकता हूँ ?

स्त्री : **[सब की ओर देखते हुए]** साथियो !

सभी मज़दूर : अच्छा नमस्कार, हम लोग जाते हैं।

कल तक के लिए !

स्त्री : नमस्ते—कल तक के लिए !

[मज़दूर बाहर चले जाते हैं]

पति : तुम्हें भली प्रकार ज्ञात है कि मैं एक सहायक के रूप

में यहाँ नहीं आया हूँ।

स्त्री : मेरे नव जाग्रत सामयिक स्वप्न को स्वच्छ करो।

पति : केवल तुम्हारे व्यवहार ने, जिससे मेरे सम्मान को बट्टा लग रहा है, मुझे यहाँ आने पर विवश किया है।

स्त्री : एक सिंह का सम्मान और मेरे कामों से संकट में पड़ जाए ? बड़े आश्चर्य की बात है ! अच्छा तो क्या 'वोट' लिया गया ? और क्या बहुमत तुम्हें इस विनाश से पृथक् करने की धमकी दे रहा है ?

पति : भगवान के लिए मज़ाक न करो क्योंकि मैं उन बातों को मान देता हूँ जिनको तुम ओछी नज़रों से देखती हो। सज्जनों के जीवन के नियम मुझ पर लागू होते हैं।

स्त्री : वह विधान जो तुम पर और तुम जैसों पर मुहर लगाकर छोड़ देते हैं।

पति : नहीं—वह विधान जो अपने आपको हमसे मनवा लेते हैं, जिनका राज्य हमारे आचरण पर है···

तुम मेरे शब्दों को समझ नहीं रही हो—

स्त्री : मैं तुम्हारी दृष्टि पहचान रही हूँ।

पति : मुझे परेशान न करो।

स्त्री : तुम्हें—तुम्हें···

पति : संक्षिप्त कि मैं तुम्हारे कार्यकलापों पर रोक लगाने वाला हूँ।

स्त्री : तुम·······

पति : समाज की सहायता करने की उमंग (भावना) जो तुम अपने अन्दर पाती हो हमारे क्षेत्र में भी उसके लिए मार्ग निकल सकता है। उदाहरणस्वरूप, तुम अनुचित बच्चों के लिए अनाथालय स्थापित कर सकती हो।

यह कार्य करने का एक यथार्थ क्षेत्र है, या दयापूर्ण रूप से पालन-पोषण होगा जिससे तुम्हें घृणा है यहाँ तक कि तुम जिन्हें साथी मज़दूर कहती हो वह भी कुँवारी माँ को ओछी दृष्टि से देखते हैं।

स्त्री : कहे जाइए...कहे जाइए।

पति : तुम्हें प्रत्येक कार्य करने की स्वतन्त्रता नहीं है।

स्त्री : मैं स्वतन्त्र हूँ।

पति : मुझे आशा है कि तुम मेरा कुछ ध्यान रखोगी और कुछ समय और अवसर के अनुसार काम करोगी, चाहे तुम मेरे विचारों को समझ न सको।

स्त्री : मुझे किसी वस्तु की चिन्ता नहीं, मुझे केवल उस कार्य की चिन्ता है जिसे करना है। मैं उस उद्देश्य की दासी हूँ और समझ लो कि मुझे उस उद्देश्य की सेवा करनी है।

पति : आओ, मैं तुम्हारी...का निर्णय कर दूँ, फैले हुए काम करने की इच्छा तुम्हारे विचारों पर...छाई हुई हैं। मैं यह नहीं कहता कि तुम्हारी इच्छाओं में जो विचार क्रियाशील है वह शुभ नहीं है।

स्त्री : तुम्हारे हर शब्द मुझे कितना आघात पहुँचा रहे हैं...

तुमने कृषकों के घरों में 'मरयम' की तस्वीरें देखी हैं ? उन तस्वीरों के हृदय में तलवार भोंक दी गई। काले खून के आँसू टपक रहे हैं। वह भद्दी धार्मिक भावात्मक तस्वीरें...कितनी साधारण और कितनी...गौरवपूर्ण।...तुम–तुम...बात करते हो नामभात्र के लिए मेरे उत्साहों की ? कितनी गहरी खाई मेरे और तुम्हारे मध्य उत्पन्न हो गई है। किसी खिलवाड़ी भावना ने मेरे भाग्य में यह कायापलट नहीं उत्पन्न

की। शुद्ध आवश्यकता ने ऐसा किया। वह आवश्यकता जो मेरे अस्तित्व की अथाह गहराई में बन्द है। अर्थात् मनुष्य बनने की आवश्यकता-आवश्यकता–

ओह ! समझो-समझो–आवश्यकता मुझे बदल रही है। मानसिक दशा…क्षण भर के लिए कोई कार्य मुझे नहीं बदल रहा है। मनुष्य बनने की आवश्यकता ने मुझे व्याकुल कर रखा है।

पति : आवश्यकता ! क्या तुम्हें भी आवश्यकता के विषय में वार्ता करने का अधिकार है ?

स्त्री : ओह ! मुझे रहने दो…हे ! मेरे पति मैं तुम्हें सीने से लगा लूँ, तुम्हारी आँखें चूम लूँ, तुम…तुम कुछ न कहो।

पति : मैं जानबूझकर तुम्हें दुःख नहीं पहुँचाऊँगा–यह स्थान–हमारी बातें लोगों को सुनाई तो नहीं दे रही हैं ?

स्त्री : सम्भव है कोई काम्रेड हमारी बातें सुन रहा हो–उन्हें एक परम्परागत विधान की आवश्यकता नहीं है किसी सावधानी के लिए, अच्छा होता यदि तुम उन्हें समझ सकते, उनकी आवश्यकता को अनुभव कर सकते–वह आवश्यकता जो हम सबकी आवश्यकता है–जिसे हम सब की आवश्यकता होनी चाहिए ! तुमने उनका अपमान किया है और उनका यह अपमान तुम्हारे सम्मान को मिट्टी में मिला रहा है। और इस प्रकार अपने विनाश की पत्री तुमने स्वयं लिख दी…अपनी सहानुभूति की दृष्टि को अपनी आँखों में ही रखो ! मैं भावुक या स्नायु रोगों का शिकार नहीं हूँ। नहीं, मैं उन लोगों में इस कारण

हूँ कि महान् अनुभूतियों तथा कुछ दुःखपूर्ण क्षण जो शुभ कार्य के लिए बने हैं वही हमारे गौरव और निर्बलता को शान्ति दे सकते हैं। सुनो, ऐसे काम्रेड हैं जो तुम्हारे कारण लज्जित हो जाते हैं। तुम्हें क्या ज्ञान। हाँ जब तक कि वे तुम पर ठहाका मार कर न हँसें जितना कि मैं हँस रही हूँ !

पति : तो वास्तविकता तुम्हें जाननी पड़ेगी : गुप्तचर पुलिस को ज्ञात हो चुका है। प्रशासन की तुम पर दृष्टि है। मेरी पत्नी मैंने सरकार के साथ वफादारी की शपथ ली है। तुम मेरी उन्नति के मार्ग को दूषित कर रही हो !

स्त्री : तो फिर– ?

पति : मैं स्पष्ट कह रहा हूँ कि तुम्हारे कार्यों के कारण मुझे हानि सहन करनी पड़ेगी और यह भी विश्वास दिलाता हूँ कि इन कार्यों से मेरी भावनाओं को भी ठेस लगती है। जितना ही तुम राज्य को हानि पहुँचाओगी उतना ही मेरी उन्नति के द्वार बन्द कर दिए जाएँगे ! तुम शत्रुओं की सहायता हम लोगों के मध्य रहकर कर रही हो। मुझे तुमसे सम्बन्धविच्छेद कर लेने के उपाय मिल गए हैं।

स्त्री : ऐसी दशा में–यदि मैं तुम्हें हानि पहुँचा रही हूँ–यदि मैं तुम्हारे मार्ग में बाधा हूँ–

पति : अब भी अवसर है।

स्त्री : ऐसी दशा में–मैं तैयार हूँ। मैं अपने कार्यों का आरोप अपने सर लेती हूँ। तुम चिन्ता न करो कि सम्बन्ध विच्छेद से तुम्हें कोई हानि होगी–

तुम···तुम–मेरी बाँहें मेरी आवश्यकता के ऐसे

समय में तुम्हारी ओर बढ़ रही हैं। मेरे रक्त का रंग तुम्हारे लिए प्रफुल्लित हो रहा है—बिना तुम्हारे मैं एक मुर्झाई हुई पत्ती हो जाऊँगी। तुम मेरे लिए वह ओस की बूँदें हो जिससे मेरे जीवन की कली खिलती है। तुम मेरे लिए बसन्त के वह झोंके हो जो मेरी प्यासी रगों में दिए जला देती हो…।

ऐसी रातें बीती हैं जब नवयुवक यौवन की लाल …की भट्टी में कूदते उछलते चिल्लाते फिरते थे। ओह ! मुझे मैदानों, घाटियों, वाटिकाओं में ले चलो। मैं मिटकर तुम्हारी आँखों को चूमूँगी…मुझे ऐसा मालूम होता है कि मैं तुम्हारे बिना बहुत निर्बल हो जाऊँगी, अत्यधिक निर्बल…मुझे क्षमा करो। यह मेरी क्षणिक निर्बलता है। मैं तुम्हारा दृष्टिकोण समझती हूँ। तुम्हारा विचार सत्य है ! देखो, कल मैं जनता के सम्मुख खड़ी होऊँगी। कल मैं बोलूँगी। मैं शासन पर आघात करूँगी। उस शासन पर जिससे वफादार रहने की तुमने शपथ खाई है, कल मैं इस क्रान्ति को छिन्न-भिन्न कर दूँगी जिसके पीछे मूर्ख बनानेवाला खूनी रूप छिपा हुआ है।

पति : परन्तु यह तो राज्य के विरुद्ध विद्रोह है !

स्त्री : तुम्हारी सरकार युद्ध करती है। तुम्हारी सरकार लोगों को धोखा देती है। तुम्हारी सरकार प्रजा को, अनाथ को लूटती है। उनका रक्त चूस लेती है और उनको पीस डालती है।

पति : शासन पवित्र है। युद्ध उसके जीवन को बचा लेता है। शान्ति स्नायु…के रोगियों का एक भ्रम है और युद्ध अस्थायी सन्धि को तोड़ देता है। युद्ध विधि है

और शासन का प्राण है, आत्मा है। साम्राज्य जिन्हें आन्तरिक तथा बाह्य शत्रुओं का सदा भय रहता है।

स्त्री : वह शरीर कैसे सुरक्षित रह सकता है जिसे रोग···और अग्नि खा चुकी हो ? तुमने राजनीतिक प्रबन्ध का नग्न रूप नहीं देखा, कीड़े उसे खा रहे हैं। पूँजी-पतियों की थैलियाँ जनता के मांस का व्यापार करके फूल रही हैं। तुमने देखा ही नहीं···मैं जानती हूँ, तुमने आज्ञापालन की शपथ खाई है। तुम अपना कार्य करते हो और तुम्हारी आत्मा सन्तुष्ट है।

पति : क्या यह तुम्हारा अन्तिम निर्णय है ?

स्त्री : मेरा अन्तिम निर्णय।

पति : तो—भगवान तुम्हारी रक्षा करें।

स्त्री : भगवान आपकी रक्षा करें।

[पति बाहर जाने ही को है]

क्या मैं तुम्हारे संग चल सकती हूँ ? आज अन्तिम बार···क्या मैं निर्लज्ज हूँ ? क्या मैं निर्लज्ज हूँ। क्या मेरे रक्त की अन्तिम बूँद तक निर्लज्ज है ?

[स्त्री अपने पति के पीछे-पीछे चलती है। मंच पर अन्धेरा हो जाता है]

दूसरा दृश्य

[एक काल्पनिक दृश्य]

[सट्टाघर के आन्तरिक भाग की एक झलक। मेज़ के सामने सरकारी प्रबन्धक बैठा हुआ है। उसको घेरे हुए महाजन और दलाल। प्रबन्धक का रूप पति जैसा है]

प्रबन्धक : मैंने पंजित कर लिया है।

पहला महाजन : अस्त्र-शस्त्र के कारखाने–350

दूसरा महाजन : 400 लिखो।

तीसरा महाजन : मैं 400 की दर से बेचता हूँ।

[चौथा महाजन तीसरे महाजन को आगे खींच लेता है–पार्श्व में बोली बोलनेवालों और वेचनेवालों की मिलीजुली आवाज़ का शोर]

चौथा महाजन : (तीसरे महाजन से) सुना समाचार ? सेना का पीछे डटना आवश्यक हो गया है। बड़ा आक्रमण असफल होनेवाला है।

तीसरा महाजन : और, सुरक्षित सेनाएँ ?

चौथा महाजन : यह सेनाएँ काम की नहीं।

तीसरा महाजन : अपर्याप्त भोजन सामग्री ?

चौथा महाजन : यह भी। यद्यपि प्रोफेसर 'वो हडे' का विचार है कि 95 प्रतिशत राई बहुत ही ठाठ बाट का खाना है।

तीसरा महाजन : और जर्नील ?

चौथा महाजन : बहुत अच्छे !

तीसरा महाजन : सम्भवतः शराब अधिक नहीं मिलती ?

चौथा महाजन : भट्ठी खानों में कार्य की बहुल्यता है।

तीसरा महाजन : फिर कमी किस वस्तु की ?

चौथा महाजन : हेड क्वार्टर्स के जनरल ने 93 प्रोफेसरों को बुलवाया है और सरकारी ग्लोबियर को भी। ग्लोबियर बिल्कुल हमारा आदमी है। भाँति-भाँति की अफवाहें उड़ रही हैं।

तीसरा महाजन : उदाहरणतः।

चौथा महाजन : 'बूर्जवाज़ी' क्षेत्रों को वास्तविकता से अज्ञान रखना है।

तीसरा महाजन : क्या बिगड़ा हुआ और पथभ्रष्ट प्रेम सैनिकों को निर्बल कर देता है ?

चौथा महाजन : तुम्हें आश्चर्य होगा किन्तु ऐसा नहीं होता। इसलिए कि मनुष्य मनुष्य से घृणा करता है किस बात की कमी है।

तीसरा महाजन : किस बात की ?

चौथा महाजन : जीवन की संरचना प्रकट हो जाएगी।

तीसरा महाजन : किस बात की कमी है ?

चौथा महाजन : जनता को इसकी आवश्यकता है कि कोई वस्तु उन्हें उत्साहित करे।

तीसरा महाजन : किस चीज़ की आवश्यकता ?

चौथा महाजन : केवल प्रेम।

तीसरा महाजन : केवल इसकी ? यह तो पर्याप्त मात्रा में उन्हें प्राप्त

होती है। और फिर युद्ध। हमारा तन्त्र···हमारा सबसे महान् तन्त्र···जिससे संसार का···चल रहा है। बादशाह, साम्राज्य, मन्त्री, राज्य-सभा मुद्रणालय तथा गिरजाघर जिसके संकेतों पर नाच रहे हैं। गोल दुनिया पर, समुद्रों पर–

हम अपना युद्ध हार चुके, तुम कहते हो कि हार चुके ! क्या हिसाब-किताब यहीं आकर रुक जाता है ?

चौथा महाजन : नहीं तुम ग़लत हिसाब लगा रहे हो। ग़लती पकड़ ली गयी है। अब हिसाब ठीक हो जाएगा ?

तीसरा महाजन : ऐसा कैसे ?

चौथा महाजन : अन्तर्राष्ट्रीय रूप से।

तीसरा महाजन : अच्छा किया भेद भी खुल गया ?

चौथा महाजन : बात···बिलकुल इसके विपरीत है। हम इसको ठाकतोप के प्रस्तुत करते हैं–यह बिल्कुल देश प्रेम की बात है। और हमारी इस टकसाल से उसका कोई सम्बन्ध नहीं जिसका भाव गिर चुका है।

तीसरा महाजन : क्या वह भाव अधिक घटा कर लिखा है।

चौथा मजाजन : बड़े से बड़े बैंक इस व्यापार के पक्ष में हैं।

तीसरा महाजन : और लाभ ? विभाजक ?

चौथा महाजन : धमाधम मिलते रहेंगे।

तीसरा महाजन : यह पर्याप्त वस्तु ज्ञात हो रही है ?

चौथा महाजन : हम इसे अरोगालय के नाम से पुकारते हैं जहाँ पर विजय प्राप्त करने का साहस सुदृढ़ तथा शक्तिशाली बनाया जाता है। किन्तु यहाँ बलात्कार के लिए स्त्रियाँ प्राप्त की जाती हैं और यह स्थान है सरकारी चकलाखाना।

तीसरा महाजन : वाह-वाह ! मैं एक लाख भाग लूँगा। एक और प्रश्न है : इसका प्रबन्धक कौन है ?

चौथा महाजन : सेना का अनुभवी जनरल–विधि तथा नियमों के पण्डित।

तीसरा महाजन : क्या यह प्रशासन सोच समझ कर तैयार किया गया है ?

चौथा महाजन : संविधान के अनुसार जैसा मैंने कहा तीन मूल्य और तीन श्रेणियाँ नियत की गई हैं।

अधिकारियों के चकलेखाने। रात भर रहो। नान कमीशन अधिकारियों के चकलेखाने एक घंटा। और तीसरा चकलाखाना साधारण सैनिकों के लिए–15 मिनट।

तीसरा महाजन : धन्यवाद···बाजार कब खुलेगा ?

चौथा महाजन : जब भी खुल जाए।

[पर्दे के पीछे हाहाकार की ध्वनि। तीसरा और चौथा महाजन दोनों पीछे को हट जाते हैं]

प्रबन्धक : नवीन स्वीकृत : 'स्वदेशी स्वास्थ्य केन्द्र लिमिटेड कम्पनी।'

पहला महाजन : मेरे पास कोई कमीशन क्रय करने के लिए नहीं।

दूसरा महाजन : विभाजक···को ध्यान में रखते हुए मेरे लिए कोई कमीशन नहीं रही।

तीसरा महाजन : मैं तो क्रय करूँगा। एक लाख निर्धारित दर से।

प्रबन्धक : मैं लिखता···हूँ।

चौथा महाजन : मैं भी इतनी ही संख्या में।

पहला महाजन : (दूसरे महाजन से) यह बहुत सोच विचार कर बोली बोलता है। तुम्हारा क्या विचार है ?

दूसरा महाजन : तार, आया ! पश्चिमी मोर्चे के युद्ध में पराजय हुई।

पहला महाजन : सज्जनो ! पश्चिमी मोर्चे के युद्ध में पराजय हो गई !
[ध्वनियाँ, शोर और चीखें]

ध्वनियाँ : पराजय हुई !

ध्वनि : शस्त्र बनाने के कारखाने—एक सौ पचास के भाव।

ध्वनि : सूक्ष्म अग्नि फेंकनेवाला ट्रस्ट···बिकाऊ है।

ध्वनि : युद्धकाल में प्रार्थना करनेवाली पुस्तक की कम्पनी बिकाऊ है।

ध्वनि : विषैली गैस बनाने के कारखाने बिकाऊ हैं।

ध्वनि : युद्ध-ऋण के प्रमाणपत्र बिकाऊ हैं।

तीसरा महाजन : मैं एक लाख भाग और लेता हूँ।

ध्वनि : ओहो ! ऐसे गिरते हुए भाव के काल में !

ध्वनि : किसने अभी कहा था कि युद्ध में पराजय हो गई ?

ध्वनि : क्या यह सूचना सत्य है या केवल बाजार का भाव गिराने के लिए फैलाई गई है ? वह शान्त हृदय से दो लाख भाग क्रय कर रहा है !

दूसरा महाजन : यह तो प्रथम सौदा है। मैं एक सौ पचास के भाव खरीदूँगा।

ध्वनि : मैं दो सौ के भाव से।

ध्वनि : मैं तीन सौ के भाव से।

ध्वनि : कौन चार सौ के भाव से विक्रय करेगा ? मैं बोली बोल रहा हूँ।

प्रबन्धक : मैं लिखता···करता हूँ।

चौथा महाजन : (तीसरे महाजन से) यह चतुर लोमड़ी सब अनुमान लगा लेती है।

तीसरा महाजन : क्षमा करना—क्या हमारा सब से बड़ा···यन्त्र सुरक्षित रहा ?

चौथा महाजन : इसमें भी कोई सन्देह है ? जीवन की संरचना

अत्यन्त सरल है। बात फूट गई थी, ज्ञात हो गया। अब रोकथाम हो गयी है। भाव के यह उतार-चढ़ाव कुछ भी नहीं अपितु ये तो आवश्यक है : हमारा कलों के समान चलनेवाला नियम स्थिर…रहे। हमारा प्रबन्ध आरक्षित !

प्रबन्धक : मैं लिखित करता हूँ।

[गाइड प्रवेश करता है उसका मुख स्त्री के मुख से अत्यधिक मिलता है। उस पर मृत्यु की और अत्यधिक कठोर जीवन की रेखाओं का तानाबाना दिखाई पड़ रहा है। वह स्त्री के आगे आगे है]

गाइड : सज्जनो ! आप बहुत शीघ्रतापूर्वक…कर रहे हैं आपका प्रशासक मानवीय रंगों के रक्त पर राज्य कर रहा है ! आपका शासन मानवता पर क्रियाशील है ! आपके शासन में एक त्रुटि है : मानव स्वभाव–पाँव की एक ठोकर और विधि का यह भवन ढेर हो जाएगा। इसलिए सतर्क हो जाओ ! (स्त्री से) बोलो तुम।

स्त्री : (कोमल स्वर में) सज्जनो ! यह पुरुष एवं स्त्रियाँ हैं। मैं फिर कहती हूँ पुरुष एवं स्त्रियाँ हैं।

[गाइड तथा स्त्री धुँधलाई हुई परछाइयों के समान आँखों से ओझल हो जाते हैं। अचानक शान्ति छा जाती है]

तीसरा महाजन : सुनारकान में एक दुर्घटना हो गई है। ऐसा ज्ञात होता है कि अब लोगों की दशा…खराब हो रही है।

चौथा महाजन : तब तो मेरा प्रस्ताव है कि यह एक ख़ैराती सभा हो जाए। सट्टा की मेज के चारों ओर एक नाट्य हो जाए। लोगों की दशा सुधारने के लिए सभा की आय

सब निर्धनों में विभाजित कर दी जाए। यदि आप सब की सम्मति हो तो एक नाट्य करा दिया जाये। मैं अपने दान···में से···स्वास्थ्य केन्द्र कम्पनी लिमिटेड का एक भाग···अर्पित करता हूँ।

ध्वनि : किन्तु स्त्रियाँ ?

पहला महाजन : जितनी भी चाहो। बाहर प्रहरी से कह दो कि पाँच मनमोहक कन्याओं को बुला ले। इसी मध्य में—

सब महाजन : हम सब दान देंगे। हम लोग नाट्य करेंगे और आय निर्धनों को दी जाएगी।

[स्वर्ण सिक्कों की झंकार—महाजन लोग लम्बी-लम्बी टोपियाँ पहनकर सट्टाख़ाने की मेज़ के चारों ओर नाचने लगते हैं। रंगमंच पर अन्धकार हो जाता है]

तीसरा दृश्य

[रंगमंच अन्धकारमय रहता है। जनता के साथ मिलकर गाने की ध्वनि (प्रतीत होता है कि बहुत दूर से आ रही है)]

जनता : हम लोग मानव उत्पत्ति के दिन से गगनचुम्बी प्रासादों और मीनारोंवाले नगरों के गड्ढों और गुफाओं में बन्दी हैं। हम भेंट चढ़ा दिए गए एक अन्धे और मुँह चिढ़ानेवाले प्रशासन की वेदी पर। हम जिनके मुख आँसुओं की रात में खो गए। हम जो मानव जाति के जन्म से बिना माता के हैं। कारखानों की अन्धेरी गुफाओं में चिल्ला रहे हैं। कब हम प्रेम के संसार में रह सकेंगे ? कब हम अपनी प्रसन्नता से कार्य करने का अवसर प्राप्त करेंगे ? मुक्ति कब मिलेगी ? **[रंगमंच पर प्रकाश होता जाता है। एक बड़ा हाल झलक रहा है।'''मंच'''पर एक संकरी और लम्बी मेज़। स्त्री बाईं ओर बैठी हुई है। मज़दूर पुरुष तथा स्त्रियाँ हाल में भरे हुए हैं]**

नवयुवक मज़दूर स्त्रियों का एक गिरोह : तो युद्ध ही युद्ध का कारण है ! कदापि हम अपने स्वामियों से टालमटोल की बातें न करें; न अपने लक्ष्य से मुख मोड़ें, न अपने विचारों को निर्बल न

होने दें। साथियों का एक गिरोह कलों में बारूद भर देगा और कारखाने वायु में बिखर जाएँगे। कल-कल क्योंकि कलें वध किए जानेवाले पशुओं के समान हमें एक घेरे में बन्द किए हुए हैं। कलें एक शिकंजे में जकड़े हुए हैं। कलें प्रतिदिन हमारे शरीरों को लौह के समान पीट-पीटकर स्क्रू और कब्जे बना रही हैं। दशमलव तीन इंच के स्क्रू, दशमलव पाँच इंच के स्क्रू। यहाँ तक कि हमारे नेत्रों के पपोटे सूख जाते हैं और हमारे हाथ जीवित शरीर पर झूल जाते हैं। ध्वंस कर दो कारखानों को ! कलें मुर्दाबाद ! पृथक् पृथक् ध्वनियाँ (हाल में चिल्लाती हुई) कारखाने मुर्दाबाद ! कलें मुर्दाबाद !

स्त्री : मुझे भी कलों ने चूर-चूर कर दिया था ! निगल डाला था और परेशान कर डाला था। मैं भी अन्धी और विवश हो गई थी। इस आपत्ति में मैं चिल्ला उठी थी, कलों को तोड़ फोड़ कर रख दो···परन्तु वह एक स्वप्न था और वह स्वप्न अच्छा नहीं है जो नेत्रों के प्रकाश को धुँधला कर दे। हे ! अन्धकार से भयभीत बालको ! तुम देखते नहीं कि यह बीसवीं शताब्दी है, ···का निर्णय हो चुका है। समस्या निर्णीत हो चुकी है। यह कलें कभी नष्ट की जा सकतीं। भूमि पर बारूद बिछा दो और केवल रात्रि भर कार्य करके कारखानों का अस्तित्व सदा के लिए मिटा दो। बसन्त आने के पूर्व ही यह कलें अग्नि चुगेंगी। पहले से अधिक निर्दयी रूप। अब यह नहीं होगा कि कारखाने हम पर शासन करें और हम उनके शासन के माध्यम या तन्त्र बनें। अब कारखानों को

सुव्यवस्थित जीवन की सेवा करना है। मनुष्यों की आत्मा को कारखानों पर विजय प्राप्त करने दो।

नवयुवक मज़दूरों का गिरोह : तब तो हमें भी कारखानों के साथ नष्ट हो जाना चाहिए। घृणा तथा क्रोध के शब्द बोलकर हम स्वयं का विनाश कर रहे हैं। स्वामी अपने प्रासाद निर्माण करते जा रहे हैं और हमारे भाई खाइयों में पड़े सड़ रहे हैं।

हरे-भरे उपवन, रंगरेलियाँ और क्रीड़ा हमारे चारों ओर अपनी बहारें दिखाते हैं—हम अपनी रातों में इसका अनुभव करते हैं। और आकाश की ओर मुख करके चिल्लाते हैं। हमारे अन्दर भी शिक्षा प्राप्त करने की जिज्ञासा लहरें मारती है।…किन्तु जब उन्होंने हमारे जीवन का सर्वोत्तम तत्त्व छीन लिया तो यही रंगीनियाँ हमें काटने दौड़ने लगीं…कभी कभी हम लोग इन कोमलताओं को स्पर्श कर लेते हैं। नाचघर में। इतनी चुमकार भरी, इतनी कोमल कि अपने सौन्दर्य से यह कोमलताएँ हमारी हँसी उड़ा रही हैं। उन्होंने हमारी युवावस्थाएँ विद्यालयों में नष्ट कर दीं। हमारी आत्माएँ टूक-टूक हो गईं। और हमारे जीवन चिल्लाते हैं—कभी आवश्यकता, दुःखी हुई आवश्यकताएँ। हम लोग आवश्यकता तथा निर्भरता की दुर्गन्धमय वाष्प हैं। और आज हैं ही क्या हम लोग ? अब हम लोग प्रतीक्षा नहीं करेंगे !

खेत के मज़दूरों का गिरोह : अपनी भूमि से हमें मार भगाया गया। धनवान महाजन भूमि क्रय करते हैं। जिस तरह बाज़ारी स्त्रियों को क्रय करते हैं। और उन्हें अपना खिलौना और मन बहलाने का साधन बनाते हैं। हमारी पवित्र

और गौरवपूर्ण भूमि को—ये हमारे हृष्ट-पुष्ट भुजाओं को गोला-बारूद बनानेवाले कारखानों में झोंक दो जहाँ हम अपनी जड़ों से उखड़कर सूख जाएँ। नीरस और उदास नगर का जीवन हमें तोड़कर रख देता है। हम भूमि चाहते हैं ! सबके लिए भूमि !

जनता का गिरोह बड़े हाल में : भूमि सब के लिए !

स्त्री : जब मैं निर्धनों की बस्तियों से होकर गुजरी जहाँ वर्षों की मटियाली बूँदें खपरैलों से टपक रही हैं और सोने के कमरों की दीवारों पर काई जमी है तो एक रोगी व्यक्ति बड़बड़ा रहा था—इन बस्तियों से नगर की गलियाँ अच्छी हैं अवश्य ही अच्छी हैं। हम लोग नगरों में रहते हैं, नगरों में न ! उसके नेत्र भयभीत थे। मैं उसे देखकर लज्जित हो रही थी...किन्तु भाइयो इसे दूर करने का उपाय जानना चाहते हो ? केवल एक ही उपाय जो हम निर्बलों के पास है। हम निर्बल जो तोपों से घृणा करते हैं, हमारे पास केवल एक उपाय है—हड़ताल ! एक हाथ भी कार्य करता हुआ न दीख पड़े !

हड़ताल कर्म है। तब हम निर्बल, निर्धनो चट्टानों के समान शक्तिशाली होकर हम निर्बल लोग हिंसा या मारकाट के बिना अपनी जंजीरें और बेड़ियाँ तोड़ फेंक सकें। ऐसा कोई अस्त्र है ही नहीं जो हमें पराजित कर सके। हमारी मूक जिह्वा सेनाओं को आवाज़ दे, हड़ताल की पुकार लगाओ !

मेरी सुनो : मैं हड़ताल करने के लिए कहती हूँ। इन छः वर्षों से धन का भूत हमारे शरीरों को फाड़े

खा रहा है और हमारी गलियों में गर्भवती स्त्रियाँ भूख के मारे अनजने बच्चे के भार से थक कर गिर पड़ती हैं। हमारे घरों से यह कड़वी आवश्यकताएँ, रोग तथा दुश्चिन्ताएँ और भूख···घूर रही हैं। किन्तु वहाँ, देखो, उधर, वहाँ स्वर्णमुद्राओं के पायल अपनी रंगरेलियों और मादकताओं को स्वाभाविक रूप से उगल रहे हैं और घोर कठिनाइयों से प्राप्त की हुई विजयें मदिरा की झाग में डूब जाती हैं ! ऐश्वर्य की लहरें स्वर्गिम बलि के चारों ओर मस्त होकर नृत्य कर रही हैं। किन्तु बाहर···देखो वहाँ अपने भाइयों के पीले मुख ! उनके शरीरों में सन्ध्या की नमी से चिपचिपाहट लगती है ? क्या तुम्हारे कानों में चिल्लाने की ध्वनियाँ नहीं आतीं ? बताओ मुझे, तुम उन्हें यह पुकारते हुए नहीं सुनते 'तुम्हारी बारी आ गई ! हम असहाय, हम जिन्हें तोपों के साथ जंजीरों से बाँध दिया गया है, हम तुम्हें पुकारते हैं, तुम से चिल्लाकर कहते हैं, तुम लोग ! हमारी सहायता करो ! तुम लोग ! हमारे लिए पुल निर्माण करो··· '

मेरी बात सुनो : मैं हड़ताल का नारा लगाती हूँ ! अब जो शस्त्रागार में कार्य चालू रखेगा वह अपने भाइयों के साथ विश्वासघात करता है ! विश्वासघात से भी बढ़ कर करता है वह अपने भाइयों की हत्या—और तुम, स्त्रियो ! प्राचीन कहावत को याद करो कि जो स्त्री हथियार बनाती है वह बाँझ हो जाती है ! याद करो अपने पतियों को जो आपत्तियाँ सहन कर रहे हैं !

हड़ताल ! बड़े कमरे में !

जनता : हमारा नारा—हड़ताल !

हमारा नारा :

हड़ताल !

[जनता की भीड़ में से 'बेनाम' बाहर आता है और ...की ओर शीघ्रता से झपट कर बढ़ता है और मेज़ की दाहिनी ओर खड़ा हो जाता है]

बेनाम : जो पुल बना है उसके लिए आवश्यक है कि उसकी नींव को देख लें। केवल आज की हड़ताल ही कुछ इस प्रकार की है जैसे कि पुल बिना स्तम्भों के। हमें एक हड़ताल से अधिक की आवश्यकता है। हड़ताल अधिक से अधिक एक बार अस्थायी समझौता करवा सकती है, एक अस्थायी समझौता, इससे अधिक नहीं ! युद्ध को सदा के लिए इस संसार से मिटा देना चाहिए ! किन्तु सर्वप्रथम एक, अन्तिम निरपेक्ष निर्दयी युद्ध आवश्यक है !

युद्ध को मिटाकर क्या मिलेगा ? जो शान्ति तुम उत्पन्न करोगे वह तुम्हारे भाग्य को ज्यों का त्यों छोड़ देगी। इधर शान्ति का एक दिखावा है और तुम्हारे लिए वही तुम्हारा प्राचीन दुर्भाग्य ! उधर एक युद्ध है और धरती पर एक नवीन 'प्रबन्ध'। शासन !

मूर्खो ! नींवों (आधारों) को ध्वस्त कर दो ! ध्वस्त कर दो मैं कहता हूँ नींवों को ध्वस्त कर दो। स्वर्ण एवं रजत पर आधारित सड़ते गलते भवनों को इस प्रतिशोध लेने वाले बाढ़ के रेले में बह जाने दो। जिस शासन का हम निर्माण करेंगे वह उत्तम और सुख शान्ति से रहने के योग्य होगा ! कारखाने श्रमिकों की सम्पत्ति हैं। श्रीमान पूँजी की सम्पत्ति

नहीं हैं। वह समय व्यतीत हो गया जब हमारी झुकी हुई पीठें लोभित होकर 'श्रीमान पूँजी' को अपने ऊपर बैठा लेती थीं कि वह दूर-दूर के कोषों पर दृष्टि डाल सकें। वह समय बीत गया जब 'श्रीमान पूँजी' हमारी पीठों पर सवार होकर विदेश के लोगों को दास बनाने के लिए युद्ध का षड्यन्त्र बनाया करते थे और झूठ बोलनेवाले समाचार-पत्रों के द्वारा चीख पुकार उठाते थे—"तुम्हारी मातृभूमि ! तुम्हारी मातृभूमि के लिए !"

और इस कोलाहल के नीचे दब जाती थी वास्तविक ध्वनि—

"मेरे लिए ! मेरे लिए !"

बीत गया वह समय ! सभी देशों की जनता स्वर से स्वर मिलाकर चिल्ला रही है : कारखाने श्रमिकों के हैं। हर ओर अधिकार श्रमिकों के हैं। प्रत्येक वस्तु प्रत्येक के लिए बनी है ! मैं हड़ताल से भी बड़ी वस्तु करने को कहता हूँ : युद्ध ! मैं कहता हूँ क्रान्ति !

हमारा शत्रु वहाँ ऊपर हमारे सुन्दर भाषणों की चिन्ता नहीं करता। आवश्यकता है कि तुम्हारी शक्ति उसी शक्ति से टकराए !

शक्ति…शक्ति

एक ध्वनि : हथियार !

बेनाम : हाँ, तुम्हें केवल हथियारों की आवश्यकता है। टाउन हाल पर धावा बोल दो और जो हथियार उसमें बन्द हैं निकाल लो, तुम्हारा युद्ध का नारा हो : विजय !

स्त्री : सुनो मैं ऐसा नहीं—

बेनाम : साथी ! शान्त ! भिखारियों के हस्तस्पर्श से और

गिड़गिड़ा कर प्रार्थना करने से सन्तान नहीं उत्पन्न होती। तपेदिक के रोगी शोरबा और ठर्रा मदिरा पिलाने से अच्छे नहीं होते; एक वृक्ष को गिराने के लिए आवश्यकता पड़ती है कुल्हाड़ी की।

स्त्री : सुनो मेरी बात—मैं नहीं चाहती रक्तपात।

बेनाम : शान्त, साथी शान्त रहो—तुमको क्या ज्ञान ? मैं स्वीकार करता हूँ कि तुमको हमारी आवश्यकताओं का अनुभव है, परन्तु क्या तुमने भी दस घंटे लगातार किसी कान के अन्दर कार्य में खड़े-खड़े व्यतीत किया है ? दिन के दस-दस घंटे कानों में, शाम को टूटे-फूटे झोपड़ों में, यही प्रतिदिन जनता का भाग्य है ! तुम जनता नहीं हो ! मैं जनता हूँ। जनता ही भाग्य है।

बड़े कमरे में जनता : भाषण है···

स्त्री : जरा विचार करो—जनता असहाय है, जनता निर्बल है।

बेनाम : कितनी अन्धी हो तुम ! जनता प्रत्येक वस्तु की स्वामी है ! जनता शक्ति है !

बड़े कमरे में जनता : शक्ति है !

स्त्री : मेरी भावनाएँ डाँवाडोल रूप से मुझे उकसा रही हैं—फिर भी मेरी आत्मा चिल्ला रही है—नहीं !

बेनाम : साथी, शान्त उद्देश्य को प्राप्त करने के लिए ! एक व्यक्ति, उसके अनुभव, उसकी आत्मा का क्या महत्त्व ? जनता का महत्त्व ! विचार तो करो—केवल एक रक्तपूर्ण युद्ध; इसके पश्चात् सदा के लिए शान्ति, अवास्तविक शान्ति नहीं जैसी पहले होती थी

कि अवास्तविक शान्ति की ओट में युद्ध छिपा हुआ होता था।

बलवानों का युद्ध निर्बलों के विरुद्ध, लूट के लिए, लोभ के लिए युद्ध ! इसे विचार करो : अन्त संकटों का ! इसे विचार करो : जब प्रत्येक जाति के लिए स्वतन्त्रता का सूर्य निकल रहा है, उस समय एक अपराध धुँधलाकर बालकों की कहानी बन जाता है ! तुम समझते हो कि मैं लापरवाही से तुम्हें सम्मति दे रहा हूँ ? युद्ध हमारे लिए एक अटल आवश्यकता बन गया है। तुम्हारे शब्द हमारे गिरोह में फूट डाल देंगे। उद्देश्य के लिए साथी शान्त रहो !

स्त्री : तुम...हो...जनता...तुम...सत्य कहते हो।

बेनाम : पुल की नींवें स्थापित करो ! जो कोई हमारे मार्ग में बाधा डाले उसे कुचल दो ! जनता कर्म हैं।

जनता बड़े हाल में : (शीघ्रता से निकलते हुए) कर्म !

[रंगमंच धुँधला उठता है]

चौथा दृश्य

[एक स्वप्न रूपी दृश्य]

[एक प्रांगण चारों ओर से ऊँची दीवारों से घिरा हुआ दिखाई देता है। रात्रि **: प्रांगण के मध्य में एक लालटेन भूमि पर रखी हुई मन्द-मन्द प्रकाश** दे रही है। **प्रांगण के कोनों से जनता के प्रहरी··· निकलते हैं।]**

पहला प्रहरी : (गाता है) मेरी माता ने एक रात गड्ढे में मुझे जन्म दिया।

वाह– वाह– वाह
हूँ– हूँ– हूँ

दूसरा प्रहरी : पिता ने एक रात नशे में···की और मैं गर्भ में आ गया। और फिर मेरे विषय में बिल्कुल भूल गया !

सब प्रहरी : वाह– वाह– वाह
हूँ– हूँ हूँ

तीसरा प्रहरी : माता-पिता ने तीन वर्षों तक मेरा पालन-पोषण किया, और अब तो मेरी दशा दण्ड प्राप्त किए हुए बन्दी सी है।

सब प्रहरी : वाह– वाह– वाह–
हूँ– हूँ– हूँ

[किसी स्थान से 'बेनाम' भूत के समान बिना पाँव की ध्वनि के बढ़ आता है और लालटेन के निकट आकर खड़ा हो जाता है]

पहला प्रहरी : मेरे पिता ने मुझे घर पर रखा किन्तु व्यय देना भूल गया।

सब प्रहरी : वाह– वाह– वाह
हूँ– हूँ– हूँ

दूसरा प्रहरी : मेरी माता आपत्तियों की मारी पुरुषों को फँसाने के लिए गलियों का चक्कर लगाती है।

सब प्रहरी : वाह– वाह– वाह
हूँ– हूँ– हूँ

तीसरा प्रहरी : सेठ, महाजन लोग, चुनाव के दिन मेरी शिकायत करते थे।

सब प्रहरी : वाह– वाह– वाह
हूँ– हूँ– हूँ

बेनाम : नृत्य आरम्भ करो। खबर मैं देता हूँ।

प्रहरी : ठहरो ! कौन जा रहा है ?

बेनाम : क्या मैंने भी तुम्हारा नाम पूछा था, तुम जो बेनाम के हो ?

प्रहरी : पहचान के लिए कोई नाम बताओ।

बेनाम : जनता बेनाम है।

प्रहरी : बेनाम, जैसे हम सब।

बेनाम : मैं तुम्हारा नृत्य आरम्भ कर देता हूँ। मैं कर्म में तुम्हारा अग्रसर हूँ।

[बेनाम बाजा बजाने लगता है। उत्साहित करनेवाली स्वर निकलने लगती हैं जो कभी पंचइन्द्रियों को सन्तुष्ट करके सुला देती हैं और कभी तूफानी उत्साह

और भावनाओं से भरी हुई होती हैं। एक व्यक्ति जिसे प्राण दण्ड मिल चुका है अपनी गर्दन में एक रस्सी डाले हुए अन्धकार से बाहर निकलता है]

प्राण-दण्ड पानेवाला : उन सभी की ओर से जिन्हें मृत्यु दण्ड मिल चुका है हम एक अन्तिम दया के लिए निवेदन करते हैं हमें भी नृत्य में सम्मिलित होने दो। नृत्य सारी वस्तुओं का सार है। जीवन एक नृत्य से उत्पन्न हुआ है और हमें नृत्य करने की प्रेरणा देता है।—इच्छाओं का नृत्य, ऐश्वर्य का नृत्य, मृत्यु का नृत्य।

प्रहरी : मृत्यु दण्ड पानेवालों की अन्तिम इच्छा को अवश्य पूर्ण कराना चाहिए ! हम तुम्हें सम्मिलित होने के लिए आमन्त्रित करते हैं।

बेनाम : आओ, यहाँ हम सबके सब छायाएँ हैं।

मृत्यु दण्ड पानेवाला : हे ! लोगो जिन्हें मृत्यु दण्ड दिया जा चुका है ! अपनी-अपनी शैया···रख दो और खड़े हो जाओ अन्तिम नृत्य के लिए !

[अन्य मृत्यु दण्ड पानेवाले अपनी गर्दनों में रस्सियाँ डाले अन्धकार से बाहर निकलते हैं, (वेश्या स्त्रियों के संग) वे प्रहरियों के साथ मिलकर 'बेनाम' के चारों ओर नृत्य करते हैं]

प्रहरी : (गाते हुए) गड्ढे में वह मुझे जनी···पशुओं के समान मुझे जन्म देकर कोई चिन्ता नहीं की—

[वे नृत्य करते जाते हैं। कुछ समय पश्चात्]

कारागार में मेरी आयु व्यतीत हुई······

[वे नृत्य करते जाते हैं। बेनाम अचानक नृत्य करना बन्द कर देता है। वेश्या स्त्रियाँ तथा मृत्यु-दण्ड पानेवाले लोग प्रांगण के एक कोने में दुबक जाते हैं।

रात्रि उन्हें निगल जाती है। प्रहरी अपने अपने पहरे पर पुनः आ जाते हैं। बेनाम के चारों ओर शान्ति छा जाती है। गाइड प्रहरी''' के रूप में दीवार चीरता हुआ निकलता है। वह स्त्री को हृदय से लगाए हुए है।]

गाइड : मार्ग कठिन है किन्तु मार्ग का अन्तिम लक्ष्य पूर्ण फल देता है। उधर देखो। खेल प्रारम्भ ही हो रहा है यदि उधर मन आकर्षित होता हो तो सम्मिलित हो जाओ।

[एक प्रहरी बन्दी को अन्दर लाता है जिसका मुख पति के समान है और बेनाम तक पहुँचा देता है]

बेनाम मनुष्य : न्यायालय ने मृत्यु दण्ड की आज्ञा दी है।

प्रहरी : इसने स्वयं अपने को मृत्यु दण्ड दिया। स्वयं इसने हम पर गोली चलाई।

बन्दी : मृत्यु !

बेनाम : क्या तुम्हें भय लग रहा है ? सुनो–

प्रहरी : बोलो : हमें मृत्यु दण्ड के शब्द किसने सिखाए ? हमें हथियार किसने दिए ? किसने नारे लगाए–समानता और उत्तम कार्य ! हिंसा और मारकाट को किसने पवित्र और आदरणीय बनाया ?

प्रहरी : विद्यालयों ने ! सेना की बारिकों ने, युद्ध ने जो सदा से हो रहा है !

बेनाम : शक्ति !'''शक्ति !
तुमने गोली क्यों चलाई ?

बन्दी : मैंने राज्य वफ़ादारी और आज्ञापलन की शपथ खाई थी।

बेनाम : तब तुम प्राण दे रहे हो अपने आदर्श के लिए।

प्रहरी : खड़े हो जाओ दीवार से पीठ लगाकर।

बेनाम : क्या राइफलें भरी हुई हैं ?

प्रहरी : भरी हुई हैं।

बन्दी : (दीवार से लगा हुआ) हाय, जीवन ! जीवन !

[स्त्री गाइड से स्वयं को छुड़ाकर अलग हो जाती है]

स्त्री : गोली मत चलाना ! यह मेरा पति है। उसे क्षमा कर दो जिसे मैं अत्यधिक सहनशीलता से क्षमा कर रही हूँ। क्षमा में बड़ी शक्ति है। क्षमा सभी झंझटों से परे है !

बेनाम : क्या वे हमको क्षमा करते हैं ?

स्त्री : क्या वे युद्ध करते हैं पुरुषों और स्त्रियों के लिए ? क्या वे युद्ध करते हैं सम्पूर्ण मानव जाति के लिए ?

बेनाम : केवल जनता सब कुछ है।

प्रहरी : दीवार से पीठ लगा लो !

एक प्रहरी : क्षमा करना निर्बल है। कल मैं उनसे भाग निकला जो हमारे शत्रु हैं। उन्होंने हमें आज्ञा दी थी कि दीवार से पीठ लगा कर खड़ा हो जा—मेरे शरीर पर उनके कोड़ों के चिन्ह थे। मेरे समीप वह आदमी खड़ा था जो मेरा वध करने के लिए नियुक्त किया गया था। उन्होंने विवश किया कि मैं स्वयं अपने करों से अपनी समाधि बनाऊँ। फोटोग्राफर प्रतीक्षा कर रहे थे कि अपनी प्लेटों को इस दृश्य से कलंकित बना दें। वह वध के भूखे थे···मैं थूकता हूँ क्रान्ति पर यदि वध करनेवालों के हाथ हम मूर्ख बनाए जाने वाले हैं और हमारी हँसी उड़ाई जानेवाली है। मैं थूकता हूँ क्रान्ति पर !

प्रहरी : लग जाओ दीवार से !

[बन्दी का मुख एक प्रहरी के मुख के रूप में परिवर्तित हो जाता है। स्त्री एक प्रहरी को सम्बोधित करती है]

स्त्री : कल तुम दीवार से लगकर खड़े थे। आज तुम दीवार से लगकर खड़े हो। तुम वह हो जो आज खड़े हो दीवार से पीठ लगाए। हे आदमी, तुम वही हो ! तुम स्वयं को पहचानो तुम वही हो !

प्रहरी : केवल जनता सब कुछ है।

स्त्री : केवल मनुष्य सब कुछ है।

सभी प्रहरी मिलकर : केवल जनता सब कुछ है।

स्त्री : मैं स्वयं को समर्पित करती हूँ, मानव जाति को।

[प्रहरी भद्दी हँसी हँसते हैं]

स्त्री : (अपने पति के संग खड़ी होकर) तुम मुझे गोली मार दो ! मैं सब कुछ त्यागती हूँ।

[रंगमंच पर अन्धकार हो जाता है।]

पाँचवाँ दृश्य

[हाल का कमरा। खिड़कियों से भोर होने के चिह्न दिखाई पड़ते हैं। मंच पर एक उदास एवं मन्द प्रकाश पड़ता है। स्त्री लम्बी मेज के बाईं ओर बैठी है। बेनाम दाहिनी ओर है। हाल के द्वार पर जनता के प्रहरी हैं। हाल में एक्का-दुक्का श्रमिक पुरुष व स्त्रियाँ मेजों के सहारे दुबक कर बैठे हैं।]

स्त्री : इस अन्तिम घंटे के अन्दर क्या कोई समाचार आया ? मैं सो गई थी। काम्रेड मुझे क्षमा करना।

बेनाम : समाचार के बाद समाचार चले आ रहे हैं। युद्ध युद्ध है। यह रक्तपूर्ण क्रीड़ा है। शक्तियों और ठण्डे··· हृदय से निर्णय का ! अर्धरात्रि से पहले हमने स्टेशन पर अधिकार कर लिया था, एक बजते बजते फिर उसे हमने गँवा दिया और अब हमारी सेनाएँ आक्रमण करने के लिए पुनः बढ़ रही हैं ! इस समय हमारा अधिकार डाकघर पर हो गया है। अपने उद्देश्य के लिए जो कार्य हमने किए हैं उनका समाचार लोगों तक पहुँचा रहे हैं।

स्त्री : हमारा कार्य, हमारा उद्देश्य ! कितने पवित्र शब्द हैं।

बेनाम : पवित्र शब्द, साथी !

यह शब्दों को आवश्यकता है इस्पात के हथियारों की। यह शब्द चाहते हैं अग्निवर्षा करनेवाली कोमल हृदय के भाषणों से बढ़कर कोई वस्तु। यह शब्द चाहते हैं निरपेक्ष युद्ध।

[कुछ क्षण के लिए हाल में शान्ति दौड़ जाती है]

स्त्री : काम्रेड, अब भी मैं इसे सहन नहीं कर सकती हूँ रक्तपातपूर्ण युद्ध दास बनाता है।

बेनाम : आत्मा की शक्ति का युद्ध भी दास बनाता है। साथी चौंको नहीं। मुझे नग्न वास्तविकताओं का अनुभव है। यदि मैं तुम्हारे समान विश्वास करता तो बैरागी बन कर सदा के लिए मौन व्रत धारण कर लेता।

[हाल में गम्भीर शान्ति छाने को है, पहला मज़दूर आता है]

पहला मज़दूर : मुझे यह समाचार देना है कि हम स्टेशन पर तीन बार धावा बोल चुके हैं। स्टेशन का मैदान शवों से पटा पड़ा है। शत्रु खाइयों में सुरक्षित है और अस्त्र-शस्त्र से लैस। सूक्ष्म अग्नि से, बारूद भरी सुरंगों से, विषैली गैस से !

बेनाम : तीन बार तुमने आक्रमण किए। चौथी बार ?

पहला मज़दूर : चौथे का समय ही नहीं आया। शत्रुओं ने अपनी घिरी हुई खाइयों को छोड़कर आक्रमण कर दिया।

बेनाम : तुम अपने स्थान पर दृढ़ रहे। क्या तुम्हें सहायता की आवश्यकता है ?

पहला मज़दूर : हम लोगों का विनाश हो गया।

बेनाम : ऐसी बाधाओं के लिए हमें तत्पर रहना चाहिए सुनो : तेरहवें जिले में जाओ–सुरक्षित सेनाएँ वहाँ हैं जाओ, शीघ्र जाओ !

[मज़दूर जाता है]

स्त्री : आदमी मारे गए। उसने कहा—सैकड़ों आदमी। क्या मैंने युद्ध के विरोध में आकाश की ओर चिल्लाकर दुहाई नहीं दी थी—और आज मैं यह घटना होने दे रही हूँ कि मेरे भाई मौत के घाट उतार दिए जाएँ ?

बेनाम : तुम्हारे विचार दूषित हैं। कल के युद्ध में हम लोग दास थे।

स्त्री : और आज ?

बेनाम : आज के युद्ध में हम लोग स्वतन्त्र हैं।

[एक व्याकुल शान्ति]

स्त्री : दोनों युद्धों में······जनता········
दोनों युद्धों में········आदमी·········

[शान्ति अनियन्त्रित हो जाती है एक दूसरा मज़दूर शीघ्रता से अन्दर प्रवेश करता है]

दूसरा मज़दूर : डाकघर हाथ से निकल गया ! हमारे आदमी भाग रहे हैं शत्रु से किसी दया···की आशा नहीं ! बन्दियों के भाग्य मृत्यु !

[पहला मज़दूर शीघ्रता से प्रवेश करता है]

पहला मज़दूर : मैं तेरहवें जिले से आ रहा हूँ—मेरा प्रयत्न विफल रहा। सम्पूर्ण जिले ने हथियार डाल दिए। हमारे आदमी अपने शस्त्र शत्रुओं को समर्पित कर रहे हैं।

तीसरा मज़दूर : नगर हाथ से निकल गया—हमारा काम बिगड़ गया।

स्त्री : बिगड़नेवाला तो है ही—

बेनाम : एक बार पुनः साथी शान्त रहो ! कर्म असफल नहीं हो सकता। यद्यपि हमारी सेनाएँ आज बहुत शक्तिहीन हैं किन्तु कल सेना के नए दल दहाड़ते हुए सुनाई पड़ेंगे।

[चौथा मज़दूर हाल के कमरे में चिल्लाता हुआ प्रवेश करता है]

चौथा मज़दूर : वे बढ़ रहे हैं, आह, भयानक रक्तपात। मेरी पत्नी को गोली मार दिया ! मेरा बाप ! गोली मार दिया।

बेनाम : उन्होंने जनता के लिए प्राण गँवाए···

मोर्चा तैयार करो !

अब भी हम आक्रमण रोक लेंगे !

हमारा रक्त सफल होगा ! आने दो उन्हें !

[मज़दूर हाल में प्रवेश करते हैं]

पाँचवाँ मज़दूर : वह जनता को घास के समान काट रहे हैं। पुरुष, स्त्री, शिशु, सबको ! हम कभी पराजय नहीं स्वीकार करेंगे। बन्दी पशुओं के समान वध किए जाने के लिए ! वह जनता को घास-फूस के समान काट रहे हैं। हमको अस्त्र-शस्त्र से सुसज्जित होना चाहिए। युद्ध के नियमों ने सैनिकों की प्राण रक्षा की किन्तु हमें उन जंगली पशुओं के समान गोली मार दी जाती है जो अपने कठघरों से भाग निकलते हैं। हमारे शीश का मूल्य लगा हुआ है किन्तु हमारे पास शस्त्र हैं और 'बूर्जवादी' बन्दी हैं। मैंने आज्ञा दे दी है कि आधे को गोली मार दिया जाए और इस प्रकार आधे जो शेष बचेंगे वह हमारे 'शाकट्रूप'···हो जाएँगे !

बेनाम : तुम अपने भाइयों का प्रतिशोध ले रहे हो···जनता शताब्दियों के अन्यायों का प्रतिशोध है। जनता प्रतिशोध है।

मज़दूर : प्रतिशोध !

स्त्री : ठहर जाओ ! युद्ध ने तुम्हें पागल बना रखा है। मैं तुम्हारे मार्ग को रोकती हूँ। जनता को ऐसा समुदाय

होना चाहिए जो प्रेम बन्धन से बँधी हो। जनता को एक बरादरी होना चाहिए। बरादरी प्रतिशोध नहीं है। बरादरी सारे अत्याचार तथा अन्यायों की नींवों को ढा देती है और न्याय का बीज बोती है। मानवता प्रतिशोध के लिए तत्पर होकर अपना अस्तित्व ही खो देती है…।

आधों को गोली मार दी गई ? यह तो अपनी रक्षा नहीं थी—अन्धा क्रोध था, उद्देश्य की सेवा नहीं थी ! क्या तुम भी उसी भावना से मनुष्यों को मारते हो जिस भावना के साथ सरकार उन्हें मारती है ? बाहर जो शेष व्यक्ति हैं वह मेरी शरण में हैं। मैं जनता के लिए अपनी आत्मा को शान्त करने के लिए तैयार थी। मैं चिल्ला रही हूँ : शासन को नष्ट-भ्रष्ट कर दो ! किन्तु तुम मानवता को ही नष्ट कर दोगे। नहीं, मैं शान्त नहीं रह सकती, आज नहीं ! वे बन्दी लोग हैं जो कराहती हुई माताओं के रक्त से उत्पन्न हुए हैं—वे मनुष्य हैं और मानवता के अटल नियम के अनुसार हमारे भाई हैं।

बेनाम : मैं अन्तिम बार कहता हूँ : काम्रेड शान्त ! शक्ति ! शक्ति ! वह हमारे शरीरों को नहीं छोड़ते : यह कुटिल युद्ध पवित्र भावनाओं से नहीं विजयी बनाया जा सकता है—इस स्त्री की बातों पर ध्यान न दो—यह तो उसके लिंग की व्यर्थ बकबक है।

स्त्री : मैं कहती हूँ, रुक जाओ ! और तुम…तुम कौन हो ? क्या शक्ति की ईर्ष्या व भूख जो शताब्दियों से बन्दी थी…आज तुम्हें प्रोत्साहित कर रही है ? कौन…कौन हो तुम ? हे भगवान तुम कौन हो ? बधिक या रक्षण

करनेवाले ? बधिक रक्षक या रक्षा करने वाले ? बेनाम हो—देखें तो तुम्हारा मुख ? तुम···हो कौन ?

बेनाम : जनता !

स्त्री : तुम···जनता ! मेरी सहनशक्ति से बाहर हो ! मैं आश्रय हूँ उन मनुष्यों की जो बाहर हैं। मैं कई वर्षों से तुम्हारी काम्रेड रही हूँ। मैं जानती हूँ कि तुमने मुझ से अधिक दुःख झेले हैं। मैं सूर्य के प्रकाश से चमकते हुए कमरों में पली और बढ़ी। मैंने भूख की तीव्र दुःखों को कभी नहीं जाना। न तो कभी सड़कर गिरती हुई दीवारों की गड़गड़ाहट सुनी ? फिर भी मेरी भावनाएँ वही हैं, पागल बना देनेवाले जो तुम्हारे हैं, मैं जानती हूँ ! देखो, मैं आई हूँ एक बच्चे के समान हाथ फैलाये हुए तुम्हारे पास अत्यधिक विवश होकर। अरे ! मेरी बात पर ध्यान दो, अन्याय की नींव ढा दो और दासता की छिपी हुई जंजीरों को तोड़ दो। लोना (जंग) लगे हुए शताब्दियों के हथियारों को फेंक दो। प्रतिशोध नवीन तथा जीवित स्वरूपों के विचारों का नाम नहीं है ! प्रतिशोध क्रान्ति नहीं है; प्रतिशोध वह कुल्हाड़ा है जो क्रान्ति के शुभ्र जगमग करते हुए प्रत्यात्मक, कठोर विचारों को टूक-टूक कर देता है !

बेनाम : तुम्हें कैसे इसकी साहस हो रही है; हे अपने वर्ग की प्रदर्शक स्त्री भाग्य के उस क्षण को विषमय बनाने के तुम्हारे शब्दों में मुझे दूसरे अर्थ मिलते हैं—तुम बचा रही हो अपने मित्रों को और पुराने साथियों को। यह तुम्हारा आन्तरिक ध्येय है : विद्रोह ! तुम विश्वासघात कर रही हो।

[हाल में जनता क्रोध से भरी हुई, स्त्री के चारों ओर एकत्र हो जाती है]

एक ध्वनि : सम्मति देनेवालो !

एक ध्वनि : इसे दीवार से लगा कर खड़ी कर दो। इसे गोली मरवा दो !

बेनाम : बन्दियों को शरण देना विद्रोह है। यह कर्म का समय है ! यह निर्दयी कर्म का समय है। जो हमारे संग नहीं है वह हमारा विरोधी है। जनता को जीवित रहना है !

जनता हाल के कमरे में : जीवित रहना है !

बेनाम : मैं तुम्हें गिरफ्तार करता हूँ।

स्त्री : मैं रक्षा कर रही हूँ···अपने मित्रों की···अपने पुराने साथियों की ? नहीं मैं तुम्हारी रक्षा कर रही हूँ ! तुम जो मृत्यु के लिए स्वयं पंक्ति बनाकर तैयार हो। मैं तुम सब की आत्माओं की रक्षा कर रही हूँ ! मैं मानव जाति की रक्षा कर रही हूँ···सदा के लिए मानव जाति को अचेत, पागल अपराध लगानेवाले—क्या तुम मेरे शब्दों में भय की भावना पा रहे हो ? मैं इतनी नीच भावनाओं का आखेट कभी नहीं बनी—अरे···तुम झूठे हो···तुम झूठे हो !

[एक मज़दूर हाल में प्रवेश करता है]

मज़दूर : एक बन्दी चिल्ला रहा है ! वह बार-बार चिल्ला रहा है हमारे स्त्री नेता के लिए—

बेनाम : यह प्रमाण है।

स्त्री : एक बार फिर···तुम झूठ बोल रहे हो। कौन मुझसे मिलना चाहता है···कौन ? सम्भवतः मेरा पति।

उसके कारण मैं तुमसे कदापि फिर विश्वासघात नहीं कर सकती थी। तुम, केवल तुम स्वयं से विश्वासघात कर रहे हो। मुझे इसके अतिरिक्त कुछ नहीं आता है।

[बेनाम मंच छोड़ देता है और हाल में जनता की भीड़ में लुप्त हो जाता है। मज़दूर लोग बाहर से घुस आते हैं]

मज़दूर लोग : लुप्त हो गया !

ध्वनियाँ : भागो !

लड़ो !

[एक-एक करके बाहर से गोलियों के छूटने की ध्वनि सुनाई पड़ती है। द्वार पर मज़दूरों की भीड़ लग जाती है]

ध्वनियाँ : द्वार पर कुण्डी लग गई है, हम जाल में फँस गए हैं। खरगोशों के समान मृत्यु को प्राप्त होने के लिए।

[शान्ति मृत्यु की प्रतीक्षा करती है]

ध्वनि : प्राण दे दो !

[रूसी सम्मेलनों का अन्तर्राष्ट्रीय (या···) गीत कोई गाने लगता है। सब लोग खुले स्वर से उसमें सम्मिलित हो जाते हैं]

[अचानक मशीनगन से गोलियों की एक बौछार। गीत रुक जाता है, फिर इस प्रकार बन्द हो जाता है जैसे कण-कण हो जाए ! मुख्य द्वार और किनारे के द्वार तोड़ दिए जाते हैं। सैनिक बन्दूकें ताने हुए द्वार मार्गों पर खड़े हैं]

अधिकारी : मुकाबला व्यर्थ।

हाथ उठा लो ! हाथ उठा लो ! मैं कहता हूँ !

[एक-एक करके जनता अपना हाथ उठा लेती है]

कहाँ है तुम्हारा सरदार ?

(स्त्री से)

अपने हाथ उठा लो—तुम आज्ञा का उल्लंघन कर रही हो ? हथकड़ी डाल दो !

[सैनिक स्त्री को हथकड़ी लगा देते हैं। रंगमंच अन्धकारमय हो जाता है]

छठा दृश्य

[एक स्वप्नरूपी दृश्य]

[...एक लम्बा-चौड़ा मैदान, मध्य में एक कठघरा, जिस पर एक चमकते हुए गेंद के समान प्रकाश पड़ रहा है। एक बन्दी कठघरे में दुबका हुआ है (मुख 'स्त्री' के समान) कठघरे के समीप...प्रहरी के वेश में।]

बन्दी : मैं कहता हूँ ?

प्रहरी : मानवता की प्रदर्शनी में।

बन्दी : इन परछाइयों को भगा दो।

प्रहरी : केवल तुम इन्हें भगा सकते हो !

[अज्ञात स्थान से भूरे रंग की बेसर की परछाइयाँ]

पहली परछाईं : तुम मुझे पहचानते हो, मेरे...?
मुझे गोली मार दी गई थी।

बन्दी : मैं अपराधी नहीं हूँ।

[अज्ञात स्थान से भूरे रंग की परछाइयाँ]

दूसरी परछाईं : मुझे भी तुमने कत्ल किया है।

बन्दी : तुम झूठ बोल रहे हो !

[अज्ञात स्थान से भूरे रंग की परछाइयाँ]

तीसरी परछाईं : और तुमने मेरा वध किया।

चौथी परछाईं : और मुझे ?

पाँचवीं परछाईं : और मुझे ?

छठी परछाईं : और मुझे ?

बन्दी : प्रहरी ! प्रहरी !

[प्रहरी हँसता है]

स्त्री : मैं यह रक्तपात नहीं चाहती थी !

पहली परछाईं : किन्तु तुमने कुछ न कहा !

दूसरी परछाईं : कुछ न कहा जब टाउन हाल तोपों से गिराया जा रहा था।

तीसरी परछाईं : कुछ न कहा जब हथियार चुराये जा रहे थे।

चौथी परछाईं : कुछ न कहा युद्ध होते समय।

पाँचवीं परछाईं : कुछ न कहा जब सुरक्षित सेनाएँ लाई जा रही थीं !

छठी परछाईं : तुम अपराधी हो।

कुल परछाइयाँ : तुम अपराधी हो !

बन्दी : मैं अन्य लोगों की मृत्यु से रक्षा करना चाहती थी।

पहली छाया : तुम अपने से विश्वासघात कर रही हो। इसके पूर्व ही हमें गोली मार दी गई थी।

सब परछाइयाँ : तुम हो हमारे क़ातिल।

बन्दी : तो मैं हूँ—

परछाइयाँ : अपराधी···निर्दोष अपराधी।

बन्दी : मैं···मैं···हूँ···अपराधी।

[परछाइयाँ धुँधला कर लुप्त हो जाती हैं। अज्ञात स्थान से महाजन लोग ऊँची टोपियाँ लगाए हुए]

पहला महाजन : सुनहरे भाग बिकाऊ हैं, मूल्य के मूल्य।

दूसरा महाजन : सुनहरे भाग अब चालू नहीं !

तीसरा महाजन : सुनहरे भाग लेना सुरक्षित सौदा नहीं ! केवल कागज का एक चिट मिलता है।

सब महाजन : बात लिखित हो गई, सुनहरे भागों में हानि है।

[बन्दिनी उठ बैठती है]

बन्दिनी : मै···हूँ—अपराधी !

प्रहरी : ओह, मूर्ख ! ओह भावुक ! यदि वे जीवित होते तो स्वर्ण-रजत से अलंकृत वेदी के चारों ओर नृत्य करते। जिस पर हजारों ने अपने प्राण बलिदान कर दिए ! तुमने भी।

बन्दिनी : मैं अपराधी हूँ, इस कारण कि मैं मनुष्य हूँ।

प्रहरी : जनता अपराधी है।

बन्दिनी : तब तो मैं दोगुना अपराधी हूँ।

प्रहरी : सम्पूर्ण जीवन अपराध है।

बन्दिनी : किन्तु तब, क्या यह होना था कि मैं अपराधी बनूँ ?

प्रहरी : प्रत्येक अपना जीवन व्यतीत करता है। प्रत्येक अपनी मृत्यु से मरता है। जैसे वृक्ष और पुष्प उसी प्रकार मनुष्य भी उगते हैं और बढ़ते हैं। प्रकृति के अनुसार एक निर्धारित रूप में। एक रूप अपनी पंखुड़ियों के खुलते समय में बनती है और स्वयं ही नष्ट होकर पुनः निर्मित होती है। इस गूढ़ रहस्य के उत्तर का तुम स्वयं अन्वेषण करो, किन्तु जो भी है जीवन है।

[अज्ञात स्थान से दूसरे बन्दी अपराधियों की वेशभूषा में निकलते हैं और बन्दी को घेर लेते हैं। एक नाव के आकार की टोपी उनके सिरों पर है जिससे कपड़े का एक टुकड़ा पेबन्द की तरह लटककर उनके मुख को ढके हुए है ! नेत्रों के लिए कटी हुई जालियाँ बनी हैं। हर बन्दी के हृदय पर (छाती पर) एक नम्बर पड़ा हुआ है। उदास एवं शान्त गति से वे कठघरे के चारों ओर एक वर्ग बनाए हुए चल रहे हैं]

बन्दी : तुम लोग कौन हो ? केवल नम्बर हो, बिना मुख के ! तुम लोग कौन हो ? जनता बिना मुख के !

[दूर से आनेवाली दबी हुई···ध्वनि]

जनता··· !

बन्दी : हे ! ईश्वर !

···ध्वनि–(और दूर जाती है) जनता !···

[शान्ति जल के समान बूँद-बूँद टपकती है]

बन्दी : (चिल्लाता है) जनता भाग्य है, जनता निर्दोष है।

प्रहरी : मनुष्य निर्दोष है !

बन्दी : भगवान अपराधी है !

···ध्वनि–(बहुत दूर से) अपराधी–अपराधी–अपराधी।

प्रहरी : भगवान तुममें है।

बन्दी : उस भगवान को हम वश में करेंगे।

प्रहरी : कीड़े ! तुम भगवान के विरुद्ध अधर्म बकते हो !

बन्दी : क्या भगवान के विरुद्ध अधर्म···मैं बक रहा हूँ या भगवान मनुष्य के विरुद्ध अधर्म करता है ? यह न्याय, यह भयानक संकट, यह अटल अत्याचार। मनुष्य को मनुष्य से लड़ानेवाला। भगवान को न्यायालय में प्रस्तुत करो। मैं उसे अपराधी घोषित करता हूँ।

···ध्वनि (दूर से) न्यायालय में।

[चलते हुए बन्दी खड़े हो जाते हैं, उनकी भुजाएँ ऊपर उठ जाती हैं]

सब बन्दी मिलकर : हम अपराधी घोषित करते हैं।

[बन्दी लुप्त हो जाते हैं]

प्रहरी : तुम्हारा अस्तित्व पूर्ण हो गया। अब कठघरे से बाहर निकल जाओ !

बन्दी : मैं स्वतन्त्र हूँ ?

प्रहरी : बन्दी बने हुए ! स्वतन्त्र !

[रंगमंच पर अन्धकार हो जाता है]

सातवाँ दृश्य

[एकान्त बन्दीगृह का एक कमरा दिखाई देता है। एक छोटी मेज, एक बेंच और एक चारपाई दीवार में धँसी हुई है। काँटेदार तारों से रुँधी हुई एक छोटी खिड़की जिसके शीशे अपारदर्शक हैं। स्त्री मेज से टिकी हुई बैठी है।]

स्त्री : हाय वह मार्ग जो पके हुए गेहूँ के खेतों में अगस्त के दिनों में जाता था···शीत ऋतु के शीतल पर्वतीय मार्गों में प्रातः होने से पूर्व सैर करना···साँस लेती हुई दोपहर की वायु में छोटे-छोटे कीड़े पतंगों का उड़ना ...हाय रे ! संसार।

[स्त्री के चारों ओर धीरे-धीरे शान्ति छा जाती है]

क्या मैंने कभी माता बनने की इच्छा की ?

[शान्ति थरथराने लगती है]

सम्पूर्ण जीवन की यह दरार, यह समस्या !
सम्बन्धित पति से—कार्य से सम्बन्धित···
पति से—शत्रु से···
शत्रु से··· ?
शत्रु से सम्बन्धित ?
स्वयं से सम्बन्धित ?···

इस कारण कि वह आएगा, मुझे विश्वास की आवश्यकता है।

[एकान्त कारागार के कमरे का द्वार खुलता है पति प्रवेश करता है]

पति : मैं आ गया !···आ गया !
क्योंकि तुमने मुझे बुलाया था।

स्त्री : पति ! पति !

पति : मैं तुम्हारे लिए शुभ सन्देश लाया हूँ ! तुम्हारा नाम—मेरा नाम, कुशल हुआ इन दोनों को कलंकित नहीं होने दिया। छानबीन से ज्ञात हुआ है कि हत्या के अपराध में निर्दोष हो ! साहस से काम लो। तुम्हारे मृत्युदण्ड की···अभी प्रमाणित नहीं हुई ! सरकार के विरुद्ध तुम्हारे अपराध के होते हुए भी सत्य विचार के लोग, उच्च सिद्धान्तों के लोग नीतियों तथा सत्यता का आदर करते हैं।

स्त्री : (धीरे-धीरे सिसकने लगती है) मैं निर्दोष हूँ! निरपराध होकर दोषी हूँ।

पति : हाँ तुम निर्दोष हो। सत्य विचारवालों की दृष्टि में, निस्संदेह।

स्त्री : सत्य विचारवालों की दृष्टि में।
मैं अपने नवीन शोक में प्रसन्न हूँ कि तुम्हारे नाम पर कलंक नहीं आने पाया।

पति : मैं जानता था कि तुम निर्दोष हो !

स्त्री : हाँ, तुम जानते थे···नीतियों का इतना आदर—तुम इतने मानवाले हो—मैं तुम्हें अब बिल्कुल साफ देख रही हूँ। फिर भी तुम अपराधी हो—मेरे पति मुझ से बढ़कर कत्ल के अपराधी हो।

पति : स्त्री—मैं तुम्हारे पास आया था··· स्त्री तुम्हारे शब्द घृणा पूर्ण हैं।

स्त्री : घृणा ? घृणा नहीं—मैं तुमसे प्रेम करती हूँ—तुम्हारे लिए मेरी अस्थियों तथा रक्त में प्रेम भरा हुआ है।

पति : मैंने तुम्हें जनता से सचेत करा दिया था। जो जनता को भड़काता है वह मानो नर्क को भड़काता है।

स्त्री : नर्क ? नर्क किसने बनाया—किसने तुम्हारी स्वर्णिम मिलों के संकटों के बारे में सोचा—वह मिलें जो पीसती रहती हैं और प्रतिदिन पीसकर तुम्हारा लाभ निकालती हैं ? कारागार किसने बनाए ? पवित्र युद्ध का नारा किसने लगाया ? किसने लाखों व्यक्तियों के प्राण भेंट चढ़ा दिए ? संख्याओं के झूठ बोलनेवाले खेल में किसने लाखों व्यक्तियों के प्राणों को बाजी पर लगा दिया ? जनता को दुर्गन्धमय नालियों में किसने फेंक दिया कि वे तुम्हारे बीते हुए कल के अपवित्र भार को आज उठाए ? किसने अपने भाइयों से उनके मानवीय मुखड़े छीन लिए और उनको मिस्त्री बना दिया उन्हें असहाय व निरादर करके अपनी कलों का पुर्जा बना दिया।

सरकार ने ! तुमने !

पति : कर्तव्य मेरा जीवन है।

स्त्री : हाँ, हाँ, सरकार के प्रति कर्तव्य। तुम हो—मानवाले ! मैं तुम्हें साफ देख रही हूँ···तुम न्याय प्रिय लोगों से कह दो कि वह सदा अनुचित करते हैं। अपराधी हैं वे—अपराधी हैं हम सब··· !

हाँ मैं, हूँ अपराधी, अपने प्रति अपराधी—मानवता के सम्मुख अपराधी।

पति : मैं तुम्हारे पास आया हूँ···क्या तुम यहाँ न्याय की कुर्सी पर बैठीं ?

स्त्री : हाँ, यहाँ न्यायालय स्थापित हुआ है। मैं स्वयं अपराधी और स्वयं न्यायाधिकारी। मैं स्वयं पर अभियोग चला रही हूँ; मैं दण्ड दे रही हूँ, मैं मुक्त कर रही हूँ···क्योंकि अन्त में, यह अपराधी—अरे ! क्या तुम सोच सकते हो कि कौन अन्त में इस अपराध का उत्तरदायी ठहराया जाएगा ?—क्योंकि आवश्यकता से विवश होकर व्यक्ति कर्म के लिए तत्पर होता हैं : और कर्म मनुष्य के रक्त से स्नान कर लाल हो जाता है। मनुष्य के लिए साहस आवश्यक है : और रक्त का सागर उसके चारों ओर लहरें मारने लगता है। क्या तुम सोच सकते हो कि अन्त में कौन अपराधी ठहराया जाएगा ?···मुझे अपना हाथ दो, हे ! मेरे प्रीतम, जिसे मेरे रक्त का एक एक बूँद प्रेम करता है क्योंकि मैं स्वयं पर विजय प्राप्त कर चुकी हूँ—अपने ऊपर और तुम्हारे ऊपर।

[पति काँप उठता है, विचार उसके मुख का रूप बिगाड़ देते हैं। वह लड़खड़ाता हुआ बाहर निकल जाता है]

स्त्री : मुझे अपना हाथ दो, मुझे अपना हाथ दो, मेरे भाई—तुम भी मेरे—भाई···तुम···चले गए···तुम्हें चिल्लाना था ·अन्तिम लक्ष्य बर्फीले मैदानों को पार करती हुई—अन्तिम पद का कोई पथ प्रदर्शक नहीं। अन्तिम—लक्ष्य बे माँ की है—अन्तिम लक्ष्य एकान्त है।

[द्वार खुलता है, बेनाम अन्दर **प्रवेश करता है]**

बेनाम : अब तुम्हें अपरिपक्व विचार से मुक्ति मिली ? क्या तुम अपने सीनों को बिखेर सके ? क्या विचारों की

तेज़ कटारी ने हृदय को फाड़ दिया ? क्या निर्णय करने वाले ने कहा—'मानवजाति' और 'मैं तुम्हें क्षमा करता हूँ' ? यह पाठ लाभदायक रहा और मैं तुम्हें नवविश्वास लाने पर बधाई देता हूँ। अब फिर तुम हमारे हो—

स्त्री : तुम ? तुम्हें किसने भेजा है।

बेनाम : जनता ने !

स्त्री : तो फिर क्या मुझे बुलाया नहीं गया ?
सन्देश—सन्देश ?

बेनाम : मैं तुम्हारे लिए स्वतन्त्रता का सन्देश सुनानेवाला हूँ !

स्त्री : स्वतन्त्रता ! जीवन !
क्या हमें भागने की चेष्टा करना है ? क्या सब तैयारी हो चुकी ?

बेनाम : दो प्रहरियों को घूस दे दिया गया। मैं तीसरे को फाटक पर धक्का देकर मार गिराऊँगा !

स्त्री : मारे गिराओगे...मेरे लिए—?

बेनाम : नहीं...उद्देश्य के लिए !

स्त्री : उस आदमी की मृत्यु द्वारा मुझे अपना जीवन बचाने का कोई अधिकार नहीं।

बेनाम : जनता का तुम पर अधिकार है।

स्त्री : किन्तु प्रहरी का अधिकार ? प्रहरी भी मनुष्य है !

बेनाम : इस समय तक कहीं आदमी नहीं हैं। इस ओर तो जनता के लोग हैं और उस ओर राज्य के आदमी हैं।

स्त्री : आदमी होना खुली हुई और प्रारम्भिक बात है।

बेनाम : केवल जनता पवित्र है।

स्त्री : जनता पवित्र नहीं है। शक्ति ने जनता का निर्माण किया है। सम्पत्ति के अन्याय ने जनता का निर्माण किया है। स्वभाव है, जनता आवश्यकता है। जनता

सत्य-असत्य मान लेनेवाली अपमान है। प्रतिशोध हैं, अत्याचार है। जनता अन्धी दास है और पवित्र··· विचार है। जनता एक रौंदा हुआ खेत है। जनता एक भूमि में गड़ी हुई जाति है।

बेनाम : और कर्म ?

स्त्री : कर्म और कर्म से अधिक ! यदि हम मुक्ति चाहते हैं तो जनता में उनकी मनुष्यता को स्वतन्त्र कर दो। जनता में एकता की शक्ति को स्वतन्त्र कर दो।

बेनाम : फाटक से आती हुई तीव्र वायु तुम्हें अच्छा कर देगी ! जल्दी करो ! समय कम है !

स्त्री : तुम स्वतन्त्रता नहीं हो, तुम मुक्ति नहीं हो ! मैं तुम्हें जानती हूँ, जो तुम हो ! 'मार गिराओ !' हाँ तुम सदा से मार गिराते हो। तुम युद्ध की दोगली सन्तान हो, तुम पददलित और नए जल्लाद और फाँसी देनेवाले हो ! तुम्हारा नारा मुक्ति है : 'मार डालो !', 'मिटा डालो।'

तुम अपने सुन्दर शब्दों के भेष को उतार फेंको—यह तो घिसते-घिसते काग़ज़ के समान पतला हो गया है !

बेनाम : क़ातिलों के सरदार राज्य के लिए युद्ध करते हैं !

स्त्री : वे वध करने के आनन्द के लिए वध नहीं करते ! वे, तुम्हारे समान, अपने उद्देश्य पर विश्वास रखते हैं।

बेनाम : वे अत्याचारी राज्य के लिए लड़ते हैं, हम मानवता के लिए।

स्त्री : तुम वध करते हो मानवता के लिए, जिस प्रकार वे, धोखे में आकर अपने राज्य के लिए वध करते थे। उनमें से कुछ का तो यहाँ तक विचार था कि अपने राज्य, अपनी मातृभूमि के माध्यम से वे धरती को

मुक्ति दिलाएँगे। मैं तो कोई अन्तर नहीं देखती। यह लोग एक देश के लिए वध करते हैं और सभी देशों के लिए वे लोग। यह हजार मनुष्यों के लिए मनुष्य का रक्त बहाते हैं और वे लाखों मनुष्यों के लिए। जो राज्य के लिए प्राण लेता है उसे तुम हत्यारा कहते हो। जो मानवता के लिए रक्त बहाता है उसे तुम फूलों का मुकुट पहनाते हो ! उसे तुम सभ्य कहते हो, अच्छा नागरिक कहते हो और महापुरुष कहते हो। तुम स्वास्थ्यवर्धक हिंसा तक का उल्लेख करते हो, पवित्र रक्तपात का।

बेनाम : उधर के आदमियों को दोषी ठहराओ, जीवन को दोषी ठहराओ। क्या मैं अन्य लाखों मनुष्यों को दास बन जाने दूँ ? क्योंकि उनके स्वामी लोग सम्भव है ईमानदार व्यक्ति हों ? यदि तुम चुप रहती हो तो उससे तुम्हारा अपराध कैसे कम हो जाएगा ?

स्त्री : शक्ति से, हिंसा की धुआँ देती हुई मशाल से हमें मार्ग नहीं मिलेगा। विचित्र ढंग से तुम हमारा पथ प्रदर्शन उस आशान्वित भूमि की ओर कर रहे हो। मानवता के दास्ताँ की भूमि ! यदि भाग्य ऐसे समय में तुम्हें धक्का देकर बढ़ाता है और तुम्हें उन लोगों को वश में करने की शक्ति प्रदान करता है जो तुम्हारी इच्छा करते हैं। तुम्हें एक नई मुक्ति दिलाने वाला समझकर तो मुझे विश्वास हो जाएगा कि यह भाग्य मनुष्य से घृणा करता है।

बेनाम : जनता सब कुछ है, मनुष्य कुछ नहीं।

नहीं, तुम हमारी देवनारी नहीं हो, हमारी पथ प्रदर्शक नहीं हो ! हर एक अपनी जन्मजात दुर्बलताएँ

लिए रहता है। तुम भी अपने वर्ग की चिन्ताएँ लिए हुए हो—निर्बलता तथा··· !

स्त्री : नहीं, तुम मनुष्यों से प्रेम नहीं करते !

बेनाम : हमारे उद्देश्य को हर बात पर प्राथमिकता है मुझे आनेवाली मानव जाति से प्रेम है। मैं भविष्य से प्रेम करता हूँ।

स्त्री : सबसे अधिक महत्त्वपूर्ण मनुष्य है। तुम्हारे विश्वास के अनुसार आज जो मनुष्य है उन्हें बलि कर देना चाहिए।

बेनाम : हमारा उद्देश्य उनका बलिदान चाहता है, किन्तु तुम जनता से विश्वासघात कर रही हो, तुम उद्देश्य से विश्वासघात कर रही हो। तुम्हें आज निर्णय करना है। जो हिचकिचाता है वह हमारे स्वामियों की सहायता करता है—वे स्वामी जो हमें सताते हैं और हमें भूखों मारते हैं—जो डाँवाडोल है वह हमारा शत्रु है।

स्त्री : यदि मैं एक मनुष्य की भी जान लूँ तो मैं इसे जनता से विश्वासघात करना समझती हूँ। जिसे कर्म करना है उसे केवल अपने बलिदान का अधिकार है। मेरी बात सुनो : कोई व्यक्ति उद्देश्य के लिए मनुष्यों को मार नहीं सकता। अपवित्र है प्रत्येक वह उद्देश्य जिसमें रक्तपात करना पड़े ! जो मनुष्यों का रक्त बहाता है वह राक्षस है और जनता—राक्षस हैं !

बेनाम : तब देवता कौन है ?

स्त्री : एक दिन—मानवजाति···स्वतन्त्र लोग, स्वतन्त्रता से परस्पर कार्य करते हुए—मानव जाति···अपने कर्म के प्याले को स्वतन्त्रता से भरते हुए—कार्य—जनता।

बेनाम : तुममें इतना साहस नहीं कि कार्य का उत्तरदायित्व अपने कन्धों पर ले लो। कठिन कार्य को ! केवल

निर्दयी कर्म से स्वतन्त्र मानव जाति की उत्पत्ति होगी। अपने प्राण देकर अपने पापों का प्रायश्चित्त करो। सम्भव है तुम्हारी मृत्यु हमारे लिए लाभदायक हो।

स्त्री : मैं अमर हूँ।

बेनाम : किन्तु तुम समय से पूर्व अमर हो रही हो।

[बेनाम एकान्त कारागार का कमरा छोड़ देता है]

स्त्री : और तुम कल जीवित थे; तुम आज जीवित हो। कल तुम मर जाओगे किन्तु मैं—भ्रमण करती तथा चक्कर काटती हुई—सदा जन्म लेती रहती हूँ मैं और पवित्र हो जाऊँगी, और निर्दोष, मैं हो जाऊँगी मनुष्यता।

[पादरी प्रवेश करता है]

पादरी : मैं तुम्हारे अन्तिम क्षण में तुम्हारी सहायता करने के लिए आया हूँ ! कलीसा तुम जैसों को अपनी सेवाओं से वंचित नहीं रखता।

स्त्री : तुम्हें किसने भेजा ?

पादरी : सरकारी अधिकारियों ने मुझे यहाँ आने का आदेश दिया।

स्त्री : कहाँ थे तुम जिस दिन दण्ड की आज्ञा दी गई ? चले जाओ !

पादरी : तुम जैसों को भगवान क्षमा कर देता है। मुझे तुम्हारे मामले में जानकारी है। तुमको यह स्वप्न दिखाई देता है कि मानव जाति सज्जन है। इस कारण तुमने असंख्य अपराध राज्य और शान्ति की रक्षा के विरुद्ध किए। मानव जाति तो अपने जन्मदिन से ही पापी है।

स्त्री : मानवजाति टटोलती हुई शुभ कार्यों की ओर बढ़ती है।

पादरी : ...का एक झूठ है। जो उत्पन्न हुआ है उन्नति, विफलता और भय से, जो दुर्बल विश्वास के मोमी

खोल से ढका हुआ है और जिसे व्याकुल आत्मा धमका रही है ! विश्वास करो, मनुष्य उत्तम विचार तक नहीं करता।

स्त्री : मनुष्य शुभ कार्यों की खोज करता है। उसके बुरे कार्य भी शुभ कार्यों के परदे हैं।

पादरी : मानवजाति अस्तित्व में आती है, मानवजाति मिट जाती है। यह धरती···नहीं जानती।

स्त्री : मैं विश्वास रखती हूँ ! !

पादरी : याद रखो शक्ति की भूख, खेल-तमाशों की भूख—यह जीवन के उतार-चढ़ाव हैं।

स्त्री : मैं विश्वास रखती हूँ ! !

पादरी : संसार नाम है अनन्य और अपरिवर्तनीय परिवर्तन, स्वरूपों का ! मनुष्य असहाय है, भगवान इसका अकेला मुक्ति देनेवाला है।

स्त्री : मैं विश्वास रखती हूँ !!

किन्तु मुझे शीत अनुभव हो रहा है। जाओ, अब चले जाओ !

[पादरी एकान्त कारागार के कमरे से बाहर आ जाता है। अधिकारी अन्दर प्रवेश करता है]

अधिकारी : यह तुम्हारे दण्ड का आज्ञा पत्र है। यद्यपि दशाएँ कुछ तुम्हारे पक्ष में थीं किन्तु राज्य के विरुद्ध तुम्हें अपने अपराध का प्रायश्चित्त करना होगा।

स्त्री : तो तुम गोली मरवादोगे ?

अधिकारी : (आज्ञा देनेवाले स्वर में बोलता है)

आज्ञा आज्ञा है और पालन, पालन है।
राज्य की सुरक्षा-शान्ति-प्रशासन !
एक सैनिक का कर्तव्य।

स्त्री : और एक मनुष्य का ?

अधिकारी : मेरी आज्ञानुसार बातचीत करना मना है।

स्त्री : मैं तैयार हूँ।

[अधिकारी एवं स्त्री बाहर जाते हैं। कुछ क्षणों के लिए एकान्त कारागार का कमरा खाली रहता है। दो बन्दी स्त्रियाँ बन्दियों की वेशभूषा में छिपकर अन्दर जा जाती हैं और द्वार से लगकर खड़ी हो जाती हैं]

पहली बन्दी स्त्री : तुमने अधिकारी को देखा था ? कितनी उत्तम जरी की वर्दी पहने था !

दूसरी बन्दी स्त्री : मैंने शवशैया देखी थी– स्नान गृह में पीले रंग का एक संदूक !

[पहली बन्दी स्त्री की दृष्टि मेज पर कुछ रोटियों पर पड़ती है और वह उन पर झपटती है]

पहली बन्दी स्त्री : अरे रोटी ! मैं भूखी हूँ ! भूखी ! भूखी !

दूसरी बन्दी स्त्री : रोटी मुझे भी, मुझे भी–रोटी मुझे भी।

पहली बन्दी स्त्री : अरे ! दर्पण ! वाह ! इसे छिपा लो, इसे ! मेरे एकान्त बन्दीगृह की सन्ध्याएँ !

दूसरी बन्दी स्त्री : रेशमी दुपट्टा ! नग्न सीना और रेशमी दुपट्टा ! इसे छिपा लो ! मेरी एकान्त बन्दी गृह की सन्ध्याएँ !

[एकान्त बन्दीगृह के कमरे में गोली का गर्जन। बन्दी स्त्रियाँ भयभीत होकर अपना हाथ फैला देती हैं। पहली बन्दी स्त्री अपने जेब से तुरन्त दर्पण निकाल लेती है और उसे मेज पर रख देती है। वह अपने घुटनों के बल गिर पड़ती है और सिसकने लगती है]

पहली बन्दी स्त्री : बहन, हम लोग ऐसा क्यों करते हैं ?

[उसकी भुजाएँ अत्यधिक विवशता से हवा में लटक पड़ती हैं। दूसरी बन्दी स्त्री अपने जेब से रेशमी दुपट्टा

निकाल लेती है। और तुरन्त उसे अपनी चारपाई पर रख देती है]

दूसरी बन्दी स्त्री : बहन हम लोग ऐसा क्यों करते हैं ?

[दूसरी बन्दी स्त्री अपना सिर अपनी गोद में छिपा कर रोने लगती है।]

[रंगमंच पर परदा गिर जाता है]

●●●